# MON CAHIER
# ABDOS-FESSIERS



FRANCE CARP

ILLUSTRATIONS : ISABELLE MAROGER
ET LILI LA BALEINE

SOLAR
EDITIONS

# SOMMAIRE

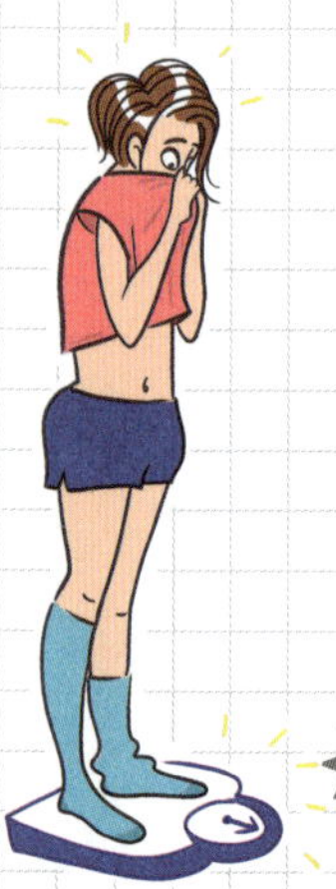

# Introduction

**Mon cahier abdos-fessiers ? Incontournable, bien sûr !** Toutes les femmes veulent être belles sous tous leurs profils ! Des fesses rebondies, pulpeuses et bien dessinées, une chute de reins vertigineuse, une taille fine et un joli ventre tonique sont l'assurance d'une silhouette féminine, d'une allure pleine de peps et d'une aisance dans vos mouvements qui vous mettent si bien en valeur !

Évidemment, ces jolies courbes se dessinent à condition de les aider un peu. Mais vous verrez que vos efforts seront récompensés : les fessiers sont en effet des muscles puissants et volumineux qui se tonifient rapidement ! Quant à votre ventre, s'il est trop rond, il ne résistera pas longtemps à une alimentation équilibrée, à des abdos correctement exécutés et à un programme cardio bien dosé.

Dans ce nouveau cahier spécial « abdos-fessiers », je vous donne toutes les clés pour sculpter le bas de votre corps avec des exercices simples et efficaces. Je vous propose aussi des combinaisons « gain de temps » pour que vous puissiez vous entraîner tous les jours ! Vous répondrez à des tests ludiques et personnalisés afin d'apprécier ce que vous souhaitez changer et profiter du programme qui répond à vos objectifs et à votre profil.

Astuces, conseils, explications, clins d'œil encourageants, évaluations, progressions… Une nouvelle fois, je vous aide à bouger, à vous muscler, à retrouver de l'énergie, à changer votre silhouette et à vous sentir légère, afin que dans 4 semaines vous laissiez échapper un whaoo ! de contentement devant votre miroir et que vous ayez envie que ça continue ! Allez, c'est parti, on s'y met !

## 1re semaine

# Activités physiques : je veux, en priorité, affiner le bas de mon corps !

Avant de penser « tonification du corps » ou « muscles fermes et galbés », il est important de bien activer la circulation sanguine et lymphatique dans le bas du corps grâce à des exercices cardio-vasculaires. C'est le meilleur moyen de drainer les toxines et de diminuer le processus de rétention d'eau dans les tissus, mais aussi de désengorger les cellules graisseuses et de brûler plus de calories !

# Test : quel est mon type de cellulite ?

Après avoir observé votre cellulite et vérifié si elle est douloureuse ou pas, vous allez pouvoir l'atténuer et agir exactement au bon endroit, en pratiquant les bons exercices et les gestes appropriés. Avant cela, une petite introspection est nécessaire ! Répondez aux questions de ce test.

### Où se situe votre cellulite ?

▲ Plutôt sur les jambes et sur les bras.

■ Partout : hanches, cuisses, ventre, bras…

● Principalement sur les cuisses (avant et arrière).

### Quand vous pincez votre peau à l'endroit de votre cellulite…

▲ Ce n'est absolument pas douloureux, et ma peau revient à la normale tout de suite après.

■ Ce n'est pas douloureux, mais ça laisse une trace blanche sur ma peau et la cellulite ressort.

● C'est vraiment très douloureux !

### Votre cellulite est…

▲ Plutôt récente et encore discrète.

■ Installée depuis un moment, elle fait maintenant « peau d'orange ».

● Vraiment très incrustée, douloureuse et très inesthétique.

### En observant votre silhouette, vous diriez que vous êtes plutôt…

▲ Mince, avec seulement quelques petits bourrelets.

■ Ronde de partout.

● Ronde, surtout au niveau du bas du corps.

**Faites les comptes !**

| ▲ | ■ | ● |
| --- | --- | --- |
| | | |

**Vous avez une majorité de ▲** : *vous avez une cellulite aqueuse.*

Elle est le résultat d'une rétention trop importante et se situe particulièrement sur vos jambes, qui sont lourdes. Au toucher, cette cellulite est molle et non douloureuse. Elle est souvent due à une mauvaise circulation ou à des stations debout prolongées.

## Mes astuces anticellulite

- ✔ Ayez une alimentation moins salée et buvez au moins 1 litre d'eau par jour.
- ✔ Effectuez beaucoup d'exercices sollicitant le retour veineux, en position jambes surélevées.
- ✔ Marchez le plus possible.
- ✔ Faites des activités dans l'eau, comme l'aquabiking.
- ✔ Massez-vous en position couchée, les jambes levées à la verticale.

**Vous avez une majorité de ■** : *vous avez une cellulite adipeuse.*

Ce type de cellulite se manifeste par une inflammation des tissus adipeux dans l'hypoderme (les couches profondes de la peau). Votre cellulite présente une peau d'orange, car l'épuration des graisses ne se fait pas et celles-ci se stockent au niveau des adipocytes. Cette cellulite, qui n'est pas douloureuse, est souvent inhérente à une prise de poids ou à une alimentation trop riche.

## Mes astuces anticellulite

- ✔ Ayez une alimentation moins riche en graisses et en sucres.
- ✔ Bougez autant que possible pour brûler des calories et éliminer les graisses.
- ✔ Massez-vous tous les jours avec une crème raffermissante pour améliorer la qualité de votre peau.
- ✔ Choisissez des activités physiques cardio-vasculaires qui sollicitent tous les muscles (danse, vélo elliptique, step, zumba, aquafitness…).

**Vous avez une majorité de ●** : *vous avez une cellulite fibreuse.*

Votre cellulite est vraiment très dure et douloureuse, et elle se situe en majorité sur les cuisses. Elle est très souvent constitutive, c'est-à-dire héréditaire, et il faut beaucoup de soin (alimentation, massage, activité physique) pour l'atténuer.

## Mes astuces anticellulite

- ✔ Ayez une alimentation moins riche en sel, en graisses et en sucres.
- ✔ Autant que possible, faites régulièrement des massages en palper-rouler mécanique ou manuel (Cellu M6®), pour désengorger les tissus et améliorer la fermeté de votre peau.
- ✔ Préférez les activités dans l'eau, qui vont masser vos jambes et atténuer la douleur, comme l'aquafitness, l'aquabiking, les parcours aquatiques ou la marche dans l'eau.

# Je m'attaque à la cellulite avec des exercices toniques !

Qu'elle soit aqueuse, adipeuse ou fibreuse, la cellulite peut être atténuée et rendue moins douloureuse grâce à quelques exercices quotidiens. Faciles à faire, ils donnent un bon coup de fouet, activent la circulation sanguine et lymphatique, et éliminent les graisses. Mais attention, la régularité est de rigueur : choisissez de faire deux exercices le matin et un le soir pour un résultat optimal !

## 3 exos à faire chaque jour

### La montée (sur escalier)

**L'objectif ?** Stimuler la circulation sanguine et lymphatique, brûler des calories.

**Comment faire ?** Placez-vous devant les marches d'un escalier. Rapidement, sans projeter le corps en avant, montez sur la première marche, un pied après l'autre, puis redescendez un pied après l'autre en commençant par celui qui est monté en premier. Vous pouvez vous aider des bras pour augmenter votre impulsion.

**Comment respirer ?** Soufflez profondément par la bouche chaque fois que le pied droit monte sur la marche.

**Combien de fois ?** Faites 3 séries de 10 montées, en respectant un temps de récupération de 10 secondes après chaque série.

### Le pont

**L'objectif ?** Muscler toute la ceinture pelvienne et améliorer la circulation du sang dans le bas du corps.

**Comment faire ?** Allongez-vous au sol sur le dos, jambes jointes et fléchies, pieds au sol. Les bras sont tendus le long du corps, paumes des mains au sol. Levez la jambe droite à la verticale. Dans cette position, sans creuser le dos, montez et descendez le bassin.

**Comment respirer ?** Soufflez profondément par la bouche chaque fois que votre bassin s'élève.

**Combien de fois ?** Faites 2 séries de 15 répétitions de chaque côté.

### Le coup de fouet

**L'objectif ?** Stimuler la circulation veineuse de retour pour bien irriguer les jambes et empêcher l'installation de la cellulite.

**Comment faire ?** Allongez-vous au sol sur le dos, jambes tendues à la verticale, pointes de pied en extension. Les bras reposent le long du corps, paumes des mains sur le sol. Dans cette position, passez très rapidement des pieds tendus aux pieds fléchis jusqu'à ce que vous sentiez une sensation de chaleur dans vos jambes. Secouez vos jambes et recommencez.

**Comment respirer ?** Soufflez profondément par la bouche dès que la sensation de chaleur apparaît.

**Combien de fois ?** Faites 3 séries d'extensions et de flexions des pieds. À faire plutôt le soir après une journée en position debout, une posture toujours fatigante pour les jambes.

## Mon petit + minceur : l'automassage

Vous connaissez déjà certainement le palper-rouler, un massage dont s'inspirent de nombreuses technologies, comme le Cellu M6®, pour dégommer la cellulite et rendre les jambes vraiment légères ! Ce type de massage sert à dissocier la couche profonde de la peau du fascia, la membrane qui entoure les organes et les muscles. Le but ? Désengorger les cellules graisseuses et relancer la circulation sanguine et lymphatique pour atténuer visiblement la cellulite. Si ce massage n'est pas totalement indolore, une bonne technique permet de le rendre très supportable !

**Comment faire ?**

Vous pouvez être votre propre masseuse : maintenez un large pli cutané entre votre pouce et vos autres doigts, puis poussez le pli formé à l'aide de la pulpe du pouce tandis que vous passez vos autres doigts sous le pli, en le faisant rouler. Répétez le mouvement tout en douceur pour ne pas casser les adipocytes, et surtout massez en remontant.

**Combien de fois ?**

Massez-vous 2 ou 3 fois par semaine, juste après la douche, lorsque votre peau est encore chaude et particulièrement souple.

**Le petit + « 2 en 1 » :** massez-vous avec une crème raffermissante, qui va améliorer la qualité de votre peau.

## Les activités vedettes qui dégomment la cellulite

Les activités cardio-vasculaires, celles qui augmentent l'activité cardiaque, sont les plus efficaces pour éliminer la cellulite ! Elles tonifient les muscles, activent la circulation sanguine, réclament beaucoup d'énergie puisée dans les cellules graisseuses, les adipocytes. De quoi mettre la cellulite presque KO ! Je dis bien « presque », car même les femmes très minces en ont un peu, et c'est ce qui fait la beauté des formes féminines !

## L'aquabiking

Vous êtes dans une piscine, immergée jusqu'à la poitrine, sur un vélo fixé dans l'eau. Au rythme d'une musique entraînante et soutenue par les conseils d'un coach, vous pédalez de toutes les façons possibles : rétropédalage, pédalage en danseuse… Chaque méthode permet de faire travailler précisément les fesses, les cuisses, le ventre…

**Le + :** l'eau masse les jambes en facilitant le drainage, car cette action sollicite le système lymphatique (évacuation des déchets), qui se fait moins paresseux !
**Le ++ :** le pédalage en danseuse. Les fesses lui disent merci ! Debout sur les pédales et le haut du corps déplacé vers l'avant, vous pédalez énergiquement. Les muscles fessiers sont alors hypersollicités…

## Le roller en ligne (Rollerblade)

Perchée sur des patins aux roues alignées, vous vous déplacez grâce à de larges mouvements de jambes dirigés vers l'extérieur, comme les patineurs. Il faut surtout bien ressentir le mouvement et placer le poids de son corps légèrement en avant pour ne pas chuter. Cette activité peut se faire en zone urbaine.

**Le + :** le mouvement de patinage des jambes vers l'extérieur tonifie les hanches et sculpte très efficacement le petit et le moyen fessiers, les muscles qui, bien dessinés, effacent la culotte de cheval.
**Le ++ :** l'équilibre instable est un excellent exercice pour les abdominaux, qui se contractent pour maintenir un bon équilibre.

**Le + :** à faire pendant au moins 30 minutes pour commencer à brûler des graisses. Cette activité permet vraiment de muscler tout le corps.
**Le ++ :** les jambes, les cuisses, les mollets et les fessiers travaillent à plein rendement, tandis que le ventre se déleste de son petit coussin de gras !

## Le vélo elliptique

Les mouvements effectués sur ce vélo, très utilisé en salle de musculation, imitent la montée d'un escalier. Excellent pour les jambes ! Parallèlement, vous poussez alternativement deux manettes en avant pour que le cœur travaille encore plus efficacement… C'est presque athlétique !

## Le cycling

Vous suivez un cours collectif sur un vélo stationnaire au son d'une musique très entraînante. Le coach vous encourage à pédaler en variant l'intensité de l'effort avec les vitesses.

**Le + :** le cycling fait travailler énergétiquement tout le corps (on dépense beaucoup de calories).
**Le ++ :** les mouvements musclent surtout les jambes.

## La salsa, la zumba, le step

Toutes ces activités chorégraphiées et dansées sont exécutées au rythme de petits pas, de glissements, de pliés, de montées : les jambes sont sans cesse en action, les hanches et le bassin ondulent en rythme, et la taille est très sollicitée. Ces chorégraphies sont souvent faites de mouvements inhabituels qui obligent les abdos et les fessiers à se contracter autrement : des exercices très efficaces pour l'allure et la silhouette !

**Le + :** l'exercice debout mobilise tout le système vasculaire ; il fouette le sang dans les jambes en éliminant les toxines.
**Le ++ :** les mouvements se font sur un rythme chaloupé pour une taille affinée !

## Mes accessoires anticellulite

- **Les machines minceur**

Vous rêvez d'aller encore plus vite pour venir à bout de votre cellulite ou d'avoir enfin la sensation que vos jambes sont aussi légères que fines ? Les machines en endermologie peuvent vraiment vous y aider. Il est indispensable de faire une cure de plusieurs soins pour avoir les résultats escomptés.

– Le Cellu M6® et Icoon®, avec leurs têtes aspirantes (endermologie), imitent le massage du palper-rouler, avec plus de puissance encore. Ces machines boostent la circulation sanguine et la production de collagène pour une peau plus ferme (environ 80 € la séance et au moins 6 séances recommandées, espacées de 1 à 2 semaines).

– L'Ultrashape®, aux ultrasons qui cassent les cellules graisseuses (1 000 € pour 3 séances).

– Le Body Sculptor exCell+, avec ses ondes biomagnétiques basse fréquence qui stimulent la lipolyse et relancent la circulation (environ 80 € la séance, 6 séances recommandées).

- **Les machines de lipocryothérapie,** qui abaissent localement la température de la graisse de 3 °C pour mieux l'éliminer (en thalassothérapie).
- **Les crèmes amincissantes,** avec des actifs comme le bambou, le guarana et surtout la caféine, qui favorisent la lipolyse.
- **Les chaussons à picots,** qui stimulent le retour veineux en faisant pression sur la voûte plantaire et en relançant ainsi la circulation sanguine par un « processus de pompe ».
- **Les jets hydromassants et les bains à remous,** qui stimulent la circulation lymphatique et sanguine.
- **La balle de tennis,** un accessoire idéal pour masser la plante des pieds et stimuler le retour veineux !

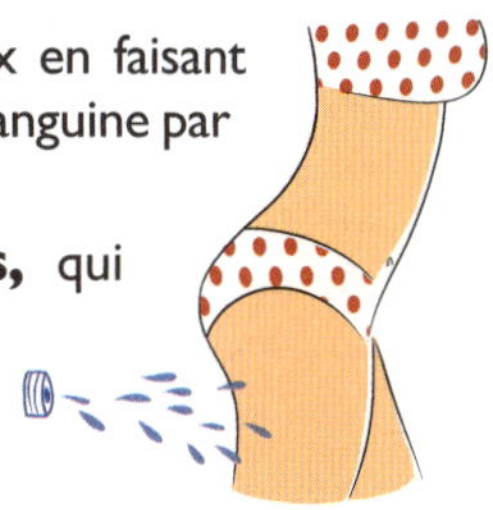

# Je tonifie l'intérieur de mes cuisses avec les exercices adducteurs

## C'est quoi un exercice adducteur ?

Il s'agit d'un exercice qui permet de tonifier l'intérieur des cuisses, une zone délicate que les femmes trouvent souvent trop molle et difficile à raffermir. La peau y est si fine et tendre qu'elle a tendance à se relâcher facilement si le muscle n'est pas assez tonique. Exactement comme sous les bras ! Cette zone au niveau des cuisses doit donc faire l'objet de toute votre attention et être stimulée par un exercice quotidien. Parmi les 3 exercices que je vous propose, faites-en au moins un par jour, et pensez à varier, vous avez le choix.

## 3 exercices qui musclent l'intérieur des cuisses

### Le battement de profil

**Comment faire ?** Couchée au sol sur le côté gauche, placez-vous en appui sur le coude. Les jambes sont jointes et tendues. Passez la jambe droite fléchie au-dessus de la gauche et posez le pied au sol au niveau du genou gauche. Déplacez bien le poids du corps vers l'avant. Dans cette position, effectuez des petits battements de la jambe gauche vers le haut.

**Comment respirer ?** Soufflez profondément par la bouche lorsque vous élevez votre jambe.

**Combien de fois ?** Faites 3 séries de 15 répétitions de chaque côté.

### Le plié au-dessus d'une chaise

**Comment faire ?** Placez-vous au-dessus d'une chaise au plateau assez étroit. Vos jambes sont écartées d'un peu plus de la largeur des hanches, les pieds en ouverture. Vos mains sont posées sur le haut de vos cuisses, de chaque côté. Très lentement, en gardant le dos bien plat, descendez le plus bas possible en amenant les genoux au-dessus des pieds. Remontez ensuite très lentement, comme si vous vouliez serrer le plateau de la chaise entre vos genoux.

**Comment respirer ?** Soufflez profondément par la bouche en remontant.

**Combien de fois ?** Faites le mouvement 8 fois de suite.

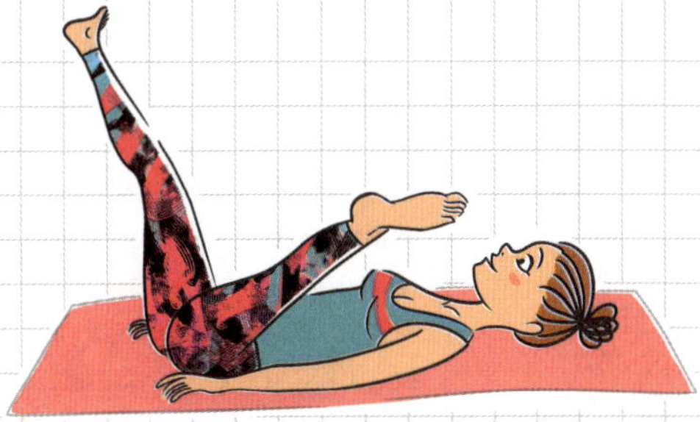

### Le papillon

**Comment faire ?** Allongez-vous sur le sol, jambes jointes et tendues à la verticale, bras reposant le long du corps.

Faites le grand écart avec vos jambes. Dans cette position, effectuez 10 petits battements vers le bas, puis refermez les jambes et écartez-les à nouveau au maximum, 10 fois de suite.

**Comment respirer ?** Soufflez profondément par la bouche lorsque vous ramenez les jambes à la verticale.

**Combien de fois ?** Faites 3 séries de 10.

## 3 activités vedettes pour des cuisses fuselées

Des cuisses fuselées, c'est beau, mais si en plus elles sont dynamiques et légères, l'effet sexy est assuré ! Le retour veineux est aussi meilleur au niveau des jambes, ce qui permet un bon retour du sang vers le cœur, et donc moins de varices…

### La barre au sol

C'est vraiment l'activité idéale pour se faire de jolies cuisses, fines et toniques. Il n'y a qu'à regarder les danseuses : entre pliés, jetés, développés et battements, les muscles de leurs cuisses sont parfaitement dessinés, avec un beau galbe.

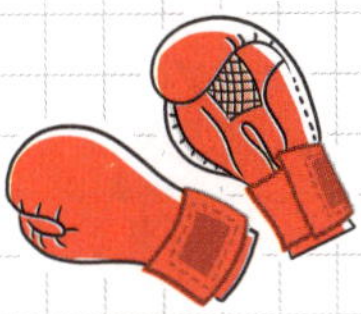

### La boxe thaï

Il s'agit de sauter non-stop d'un pied sur l'autre tout en esquivant les coups ! Ce mouvement, conjugué au travail d'impulsion des jambes, est de type cardio-vasculaire et développe une bonne vélocité au niveau du bas du corps. La boxe thaï est une excellente activité physique pour activer la circulation sanguine.

### Le stretching

Rien de mieux que le stretching pour fuseler les jambes ! Le quadriceps (situé devant la jambe), les adducteurs (à l'intérieur) et les ischio-jambiers (à l'arrière) sont des muscles longs et volumineux qui, tonifiés et étirés, font un très joli galbe aux jambes. Cette activité, faite d'exercices très ciblés pour étirer ces muscles, est vraiment très efficace et les résultats ne se feront pas attendre !

## Comment sculpter vos cuisses en 3D (devant, dedans, derrière)

Se dessiner de jolies jambes ne demande pas forcément de faire des exercices compliqués et fatigants. Tous les jours, l'air de rien, vous pouvez facilement améliorer la tonicité de votre corps par quelques habitudes de vie faciles à pratiquer… Petit tour de piste !

## 1. Musclez-vous en marche rapide

Ce sont toujours les jambes qui donnent l'impulsion pour lancer l'action de marcher. Le haut du corps est donc parfaitement aligné au-dessus du bassin. Le bassin reste toujours bien de face (pas de rotations qui déséquilibreraient le dos). La tête ou le buste ne sont pas projetés en avant comme pour donner un élan. Le regard est dirigé droit devant (même si vous parlez à votre partenaire !). Les épaules sont abaissées, les omoplates sont légèrement rapprochées et les bras sont souples. Si vous ne marchez pas trop vite, vos bras sont relâchés. Si vous marchez plus rapidement, les bras se balancent parallèlement aux pieds et se fléchissent davantage (la synchronisation se fait assez naturellement). Inutile de contracter le ventre, étirez-vous plutôt vers le haut dans un auto-agrandissement (vous devez avoir l'impression qu'un élastique est tendu entre votre nombril et votre sternum).

La jambe à l'arrière doit être en extension complète (contraction des muscles fessiers) avant de passer en avant. À ce moment-là, le pied est posé sur le talon et il roule ensuite sur le devant (l'articulation de la cheville doit être bien souple). Lorsque vous effectuez l'enjambée, toute la surface du pied doit être en contact avec le sol pour permettre au genou de se fléchir facilement dans un équilibre stable.

## 2. Tonifiez vos jambes en mangeant !

Vous êtes assise à la cafèt' ou à la table d'un restaurant en attendant votre plat ? Profitez-en pour faire quelques mouvements tonifiants : amenez le genou de la jambe droite fléchie sous le plateau de la table, gardez la position 3 secondes et répétez 10 fois de suite. Faites la même chose avec le genou gauche.

## 3. Montez les escaliers en sautant

Montez les escaliers en sautant une marche (puis deux) ; concentrez-vous pour donner une bonne impulsion avec la jambe arrière et la faire passer en avant énergiquement.

## 4. Ramassez les objets en fente avant

Abaissez-vous dans la position du chevalier servant, la jambe droite en fente avant à environ 1 mètre de la gauche, puis fléchissez la jambe gauche à un angle de 90 degrés pour ramasser l'objet ou vous abaisser.

## 5. Mettez vos pieds sur le bureau

De temps en temps, pensez à placer votre pied sur un bureau, un meuble ou le plateau d'une chaise devant vous, jambe tendue, puis inclinez-vous en avant pour étirer l'arrière de la jambe ! Gardez la position une dizaine de secondes. Répétez avec l'autre jambe.

Grâce à ces exercices qui tonifient et étirent les jambes en 3D, vous pourrez vous entraîner sans même passer par la case « séance de gym ».

# J'efface mes poignées d'amour

Une taille joliment marquée est un vrai atout pour avoir belle allure, et ce même si vous avez 1 ou 2 kilos de trop. Votre tour de taille vous en dit long sur votre santé et votre poids, une bonne raison pour le mesurer régulièrement et perdre quelques centimètres…

## Je mesure mon tour de taille

D'après des études faites à l'université de la City, à Londres, le tour de taille est un bon indicateur de la masse de graisse abdominale, liée à un surpoids éventuel. Pour savoir si vous avez trop de graisse autour de la taille, c'est très simple : votre tour de taille (pour un homme ou une femme) ne doit pas dépasser la valeur en centimètres de la moitié de votre taille en hauteur. *Par exemple : si vous mesurez 1,66 m, votre tour de taille ne doit pas dépasser 83 cm.*

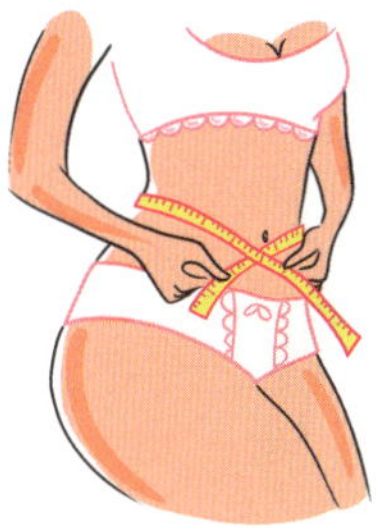

### Comment prendre mon tour de taille ?

Placez le ruban entre la dernière côte flottante et l'os de la hanche. Ne respirez plus et prenez votre mensuration !

Votre taille actuelle (notez la date) :

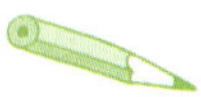

........................................................................................

........................................................................................

## Les 5 meilleurs exercices pour affiner la taille et les hanches

### Le pas du patineur

**L'objectif ?** Cet exercice est vraiment très complet : il affine la taille, muscle les jambes et les fesses tout en vous aidant à brûler un maximum de calories. Vous verrez, il demande beaucoup de tonicité !

**Comment faire ?** Placez-vous debout, jambes tendues et écartées de la largeur des hanches. Placez un petit ballon en plastique à côté de votre pied droit. Tendez la jambe gauche et croisez-la sous la droite (que vous fléchirez en même temps), puis attrapez le ballon des deux mains. Revenez ensuite à la position de départ, tout en effectuant une rotation du haut du corps sur la gauche, en ramenant le ballon au-dessus de la tête, les bras tendus.

**Comment respirer ?** Soufflez profondément par la bouche lorsque vous croisez les jambes en arrière. Lorsque vous allez chercher le ballon au sol, ce sont vos fesses qui se tonifient ; quand vous ramenez le ballon sur le côté, ce sont les muscles qui dessinent la taille, les transverses, qui sont stimulés.

**Combien de fois ?** Faites 2 séries de 10 répétitions de chaque côté.

## La croix

**L'objectif ?** Cet exercice se pratique idéalement le matin ou le soir, sur votre lit. Même s'il affine bien la taille, il est très relaxant car, en plus, il étire la colonne vertébrale.

**Comment faire ?** Allongez-vous au sol, les bras tendus latéralement, puis fléchissez les jambes sur la poitrine. Sans décoller les épaules du sol, amenez les deux genoux vers le bras droit, puis vers le bras gauche.

**Comment respirer ?** Soufflez profondément par le nez chaque fois que les genoux basculent d'un côté.

**Combien de fois ?** Faites 3 séries de 15 répétitions.

## Le métronome

**L'objectif ?** C'est l'exercice le plus simple pour sculpter la taille… et le plus recommandé ! Vous veillerez à toujours garder votre dos bien plat pour ne pas perdre en efficacité !

**Comment faire ?** Debout, les jambes sont mi-fléchies et écartées de la largeur des hanches, le dos est bien à plat, les mains sont posées sur les épaules. En gardant le dos parfaitement droit, inclinez-vous à gauche, puis à droite.

**Comment respirer ?** Soufflez profondément par le nez chaque fois que vous vous inclinez à droite.

**Combien de fois ?** Faites 3 séries de 10 répétitions.

## La planche latérale

**L'objectif ?** Cet exercice permet un très bon travail de gainage (tout le corps est contracté). Surtout, restez bien alignée : pas de fesses qui pointent vers l'arrière ou de ventre relâché en avant !

**Comment faire ?** Placez-vous en planche latérale, en appui sur le bras gauche. Les jambes tendues et jointes. Le pied droit chevauche le gauche pour un meilleur appui. Le bras droit est tendu au-dessus de la tête ou bien plié, main derrière la nuque. Lentement, descendez la hanche gauche jusqu'au sol, puis revenez en position initiale.

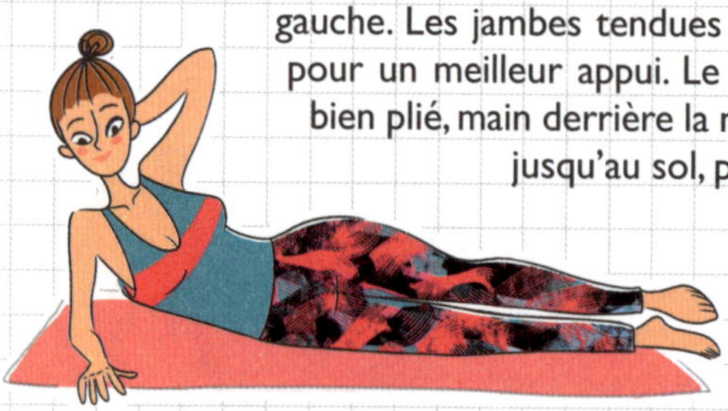

**Comment respirer ?** Soufflez profondément par la bouche chaque fois que la hanche descend.

**Combien de fois ?** Faites 2 séries de 8 répétitions de chaque côté.

### Le ballon derrière le dos

**L'objectif ?** Les muscles qui dessinent la taille vont ici fonctionner à plein rendement et être stimulés sous tous les angles ! En plus, ces exercices massent le ventre en facilitant la digestion.

**Comment faire ?** Placez un petit ballon derrière votre dos. En vous inclinant légèrement vers l'arrière, allez chercher le ballon avec les mains en faisant une rotation du buste à droite, puis ramenez le ballon derrière le dos en faisant une rotation à gauche.

**Comment respirer ?** Soufflez profondément par la bouche chaque fois que vous reposez le ballon derrière le dos.

**Combien de fois ?** Faites 4 rotations complètes en partant de la droite, puis 4 autres en partant de la gauche.

## Un automassage énergique pour des hanches fermes et pulpeuses

**Comment faire ?** Pour désengorger les hanches et raffermir la peau, il faut malaxer celle-ci avec vigueur en vous aidant de la pulpe des doigts, sans pour autant vous faire mal (un peu comme si vous pétrissiez du pain). Lors d'un massage du ventre, massez-vous toujours dans le sens des aiguilles d'une montre pour ne pas nuire au processus de digestion.

**Combien de fois ?** Effectuez ce type de massage amincissant vous-même avec des séances de 15 minutes par jour pendant au moins 6 jours consécutifs.

**Choisissez une crème amincissante** dans laquelle les actifs amincissants sont dosés au moins à 3 à 5 % de concentration, ou bien une crème raffermissante qui va tonifier votre peau. Privilégiez ce type de massage le soir, car les actifs agissent efficacement pendant la nuit.

## Les activités physiques qui redessinent la silhouette

Une belle silhouette, c'est la combinaison entre une allure dynamique – pleine d'énergie – et des courbes harmonieuses. Même si elles sont un peu rebondies, vos formes ne donnent en aucun cas une impression de mollesse si elles sont galbées et toniques. Ce sont les activités cardio-vasculaires qui vont le mieux dynamiser votre silhouette car elles font travailler un maximum de muscles en même temps, avec des mouvements amples. Profitez-en, elles ont en plus l'avantage d'être assez ludiques !

## La marche nordique sur terrain nivelé ou dans le sable

Cette activité, sur un parcours difficile, permet de faire travailler 80 % des muscles du corps et assure une bonne dépense énergique : environ 550 kcal en 45 minutes.

## La natation

En plus de renforcer les muscles de tout le corps, l'eau a un effet massant et drainant qui permet de mieux évacuer les toxines.

## Le vélo elliptique et le rameur

Ce sont les deux machines de musculation qui permettent le plus efficacement de muscler le bas du corps tout en l'affinant.

## Les gym-cardio (step, body pump…)

Ces gyms ont les mêmes avantages que le rameur ou le vélo elliptique, mais avec une vision plus ludique !

### Le pantalon idéal pour carrosser le bas du corps

Avant l'achat du jean de vos rêves, vérifiez s'il correspond bien à votre morphologie…

- **Choisissez un pantalon taille haute si :** vous êtes très pulpeuse avec une taille bien dessinée. Ce type de pantalon donne l'impression d'avoir des jambes plus longues.
- **Choisissez un pantalon taille basse si :**
  – vous avez peu de taille, un ventre plutôt plat et des fesses rebondies, qu'elles soient généreuses ou menues ;
  – vous avez des fesses plutôt plates, vous êtes longiligne et votre taille est peu marquée ;
  – vous avez une jolie chute de reins.
- **Choisissez un pantalon à pinces si :** vous avez des hanches larges et le haut du corps plus menu. Ce type de pantalon fait une très jolie silhouette, surtout lorsqu'il est assorti à un chemisier (glissé dans le pantalon).
- **Choisissez un legging si :** vous avez vraiment des jambes et des hanches très toniques et si vous êtes élancée.

# Nutrition : une semaine pour faire fondre mon ventre et mes fesses !

La première chose à faire pour voir votre ventre et vos fesses se dessiner sans même toucher un haltère ou faire de l'exercice, c'est perdre la graisse qui recouvre vos muscles et cache leur belle définition ! Votre alimentation va vous y aider : moins de sucres, de graisses et de sel, un peu plus de fibres et de protéines, de grandes rasades d'eau… et vous allez constater que les kilos en trop vont vite s'envoler !

## Votre programme minceur hebdomadaire

### Lundi

| Petit déjeuner | Déjeuner | Dîner |
| --- | --- | --- |
| • Thé vert (non sucré)<br>• Salade de fruits frais (1 barquette de framboises + 1 pêche + ½ pomme)<br>• 1 fromage blanc nature | • 100 g de crevettes ou 6 huîtres<br>• Papillote de cabillaud ou de lotte + coriandre, ciboulette, basilic + citron + 1 c. à c. d'huile d'olive<br>• Haricots verts à la vapeur<br>• 1 pamplemousse | • 4 asperges vertes ou blanches + 1 c. à c. d'huile d'olive<br>• Omelette brouillée (2 œufs) + courgettes vapeur au basilic<br>• 1 yaourt au soja parfumé |

# Mardi

### Petit déjeuner

- Thé vert (non sucré)
- Smoothie vert (1 yaourt au soja + ½ verre de lait d'amande + 1 banane + 1 kiwi)
- 5 amandes fraîches émondées (non fumées, non salées)

### Déjeuner

- ½ concombre + 1 yaourt maigre + 1 pincée de curcuma et de sel
- 4 ou 5 c. à s. de pâtes au thon (150 g, avec du thon au naturel)
- 2 tomates pelées cuites à l'ail et au basilic
- 1 pêche ou 1 fruit de saison

### Dîner

- Soupe de lentilles + 2 carottes + 1 oignon + gingembre + 1 c. à s. d'huile d'olive
- Compote de rhubarbe (avec du sirop d'agave ou de la stévia)

# Mercredi

### Petit déjeuner

- Thé vert (non sucré)
- 1 œuf coque + 1 tranche de jambon blanc découenné
- 1 pomme cuite à la cannelle

### Déjeuner

- Carottes vapeur + citron, coriandre et cumin
- 1 pavé de saumon grillé + citron
- 2 petites tranches de pain de seigle
- 1 petit fromage de chèvre frais

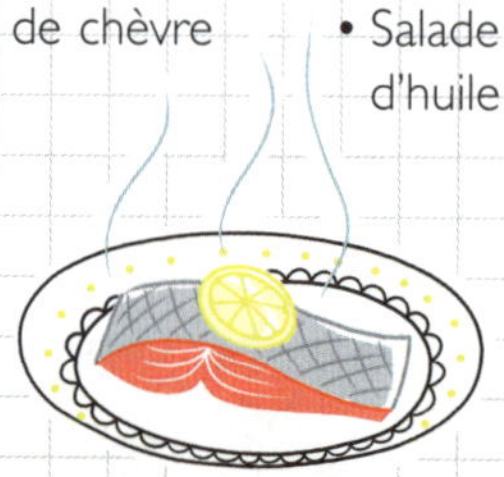

### Dîner

- 1 portion de gaspacho + dés de tomate, de concombre et de poivron
- Filet mignon de porc en cocotte (130 g) + oignons et thym
- Salade verte + 1 c. à c. d'huile d'olive

# Jeudi

### Petit déjeuner

- Thé vert (non sucré)
- 2 galettes de riz recouvertes de confiture allégée en sucre

### Déjeuner

- Fenouil cru en salade + 1 c. à c. d'huile d'olive + citron et cumin
- 1 blanc de poulet + courgettes sautées au basilic
- Quelques fraises

### Dîner

- Tofu grillé (150 g)
- 1 bol de quinoa cuit à l'eau + sauce tomate maison (2 tomates + basilic + ½ oignon + ail + 1 c. à c. d'huile d'olive)
- 1 tranche de pastèque

## Vendredi

### Petit déjeuner

- Thé vert (non sucré)
- Smoothie aux fruits rouges (groseilles, cerises dénoyautées, fraises qui peuvent être congelées) + un verre de lait écrémé + 2 feuilles de menthe
- 2 tranches de pain aux noix ou aux céréales avec une noisette de beurre

### Déjeuner

- 2 tranches de jambon de Parme dégraissé
- Des tomates cerises + roquette + fromage blanc à 3 % de MG
- 1 fruit de saison

### Dîner

- 1 maquereau grillé + ½ fenouil cuit + citron + 1 c. à c. d'huile d'olive
- 1 compote pêche-abricot (sans sucre) + menthe fraîche ciselée

## Samedi

### Petit déjeuner

- Thé vert (non sucré)
- 1 fine tranche de saumon
- 2 tranches de pain de seigle avec 10 g de beurre

### Déjeuner

- ½ avocat + 10 crevettes + pamplemousse et coriandre
- 1 brochette de poulet grillé
- Caviar d'aubergine (1 aubergine grillée + fromage blanc à 0 % de MG + épices)
- 1 crumble aux pommes

### Dîner

- Soupe de courgettes froide + fenouil + menthe fraîche
- 2 tomates farcies au quinoa + pignons de pin + dés de chèvre frais
- Ramequin de framboises

## Dimanche

### Petit déjeuner

- Thé vert (non sucré)
- 1 pamplemousse rose pressé
- 1 fromage blanc + 1 c. à c. de miel + 5 amandes (non salées et non fumées)

### Déjeuner

- Crudités (concombre, fenouil, tomates…)
- 1 sashimi ou 6 sushis
- 1 tranche de pain aux céréales
- 1 fromage blanc à 0 % de MG + coulis de fruits rouges

### Dîner

- Salade de haricots plats + 1 tomate en dés + échalote + 1 c. à c. d'huile d'olive
- Dés de poulets marinés au citron vert + 2 c. à s. de lait de coco + gingembre frais râpé
- 1 abricot

# J'adopte la nutrition anticellulite

Pour perdre votre cellulite, vous pensez sans doute consommer davantage d'aliments peu gras et peu caloriques, comme les légumes ou les fruits… Mais contrairement aux idées reçues, il ne faut pas augmenter outre mesure votre consommation de crudités ! Beaucoup de femmes qui font attention à leur ligne et qui mangent beaucoup de fruits et de légumes riches en eau et en sels minéraux ont aussi un peu de cellulite. Pourquoi ? Parce que ces aliments favorisent la rétention d'eau. Vous perdez du poids, mais l'eau est aspirée dans les cellules. Préférez les légumes cuits, qui ont perdu une partie de leur teneur en eau !

Il faut également privilégier les protéines, à chaque repas, petit déjeuner compris : fromage blanc à 0 % de matières grasses, fromage frais type chèvre, poisson ou viande en quantité importante. Vous mangerez ainsi plus de protéines que de légumes.

Une petite portion de légumes suffit à réguler le transit et l'équilibre nutritionnel.

Pendant ce régime anticellulite, vous diminuerez aussi votre consommation de féculents.

## Boire ! Quoi, comment et quand ?

Un litre d'eau par jour suffit, surtout si vous faites de la rétention d'eau. Beaucoup d'aliments contiennent de l'eau, et ceux que vous mangerez vous en amèneront suffisamment. Attention aux eaux gazeuses, qui sont très salées. Préférez l'eau plate : elle n'éliminera pas la cellulite, mais permettra de diminuer la rétention d'eau.

## Les 8 plantes drainantes à privilégier

Certaines plantes ont des propriétés drainantes ou diurétiques qui vont favoriser l'élimination des toxines. Consommez-les sous forme de tisanes toute la journée (elles peuvent remplacer l'eau), mais attention : la consommation de plantes drainantes doit se faire en cure de 3 semaines à 1 mois au maximum… pas plus !

- Les graines de fenouil
- Le thé vert
- La reine-des-prés
- Le bouleau

- Le mélilot
- Le ginkgo
- Le persil (sous forme de condiment)
- Les queues de cerise

Vous pouvez trouver des plantes drainantes sous forme de tisanes prêtes à l'emploi dans les herboristeries ou les magasins bio. Demandez conseil à un vendeur compétent pour connaître les doses et les mélanges recommandés.

Pour préparer une infusion : versez de l'eau chaude sur les feuilles séchées et filtrez le breuvage obtenu, que vous boirez froid ou chaud.

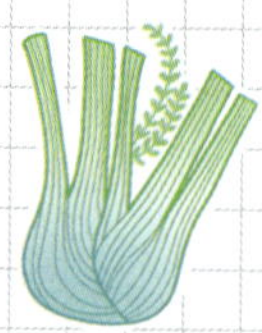

# Une journée anticellulite (petit déj'-déjeuner-dîner)

Il n'est pas question de faire un régime drastique et peu calorique. Le but de cette journée est de limiter la rétention d'eau, de consommer le moins possible d'aliments trop gras et trop sucrés, et de drainer les toxines !

| Au petit déjeuner | Au goûter |
| --- | --- |
| • 1 petit bol de fromage blanc (100 g) avec 1 c. à c. d'aspartame<br>• 1 tartine de pain complet recouvert de fromage de chèvre frais<br>• 1 tranche d'ananas frais<br>• 1 thé vert<br> | • 1 tranche de jambon blanc ou de dinde dégraissée OU 1 galette de riz recouverte d'un peu de confiture allégée en sucre<br>• 1 thé vert<br>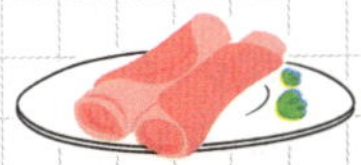 |
| **Au déjeuner** | **Au dîner** |
| • 1 salade complète : 120 g de thon au naturel + des pousses d'épinard + 1 tomate coupée en dés + ½ échalote coupée en fines lanières ; 1 c. à c. d'huile d'olive + un peu de vinaigre<br>• 1 pomme cuite ou 1 kiwi<br>• De l'eau ou une tisane de plantes drainantes<br> | • 1 filet de sole (120 g)<br>• 6 c. à s. de quinoa<br>• 1 poignée de haricots verts avec de l'ail<br>• 1 tranche de pain complet<br>• 1 verre de vin ou de l'eau<br>• 1 mandarine ou 1 autre fruit de saison (framboises ou fraises)<br> |

## Attention aux édulcorants et au germe de blé, des stockeurs d'eau !

**Le sucre et les autres édulcorants** ont tendance à retenir l'eau dans les tissus. Il en va de même pour les sucres de synthèse (aspartame), que vous envisagez probablement de consommer pour mincir puisqu'ils ne contiennent pas de calories. Le mieux est de vous déshabituer de l'envie de sucre !

**La farine de blé** peut être à l'origine d'intolérances qui génèrent de la rétention d'eau. Si une allergie ou une intolérance au germe de blé (allergie au gluten) est avérée par des analyses, vous risquez en effet de faire de la rétention d'eau. Pourquoi ? En cas d'allergie, les protéines du blé ne se dégradent pas complètement, la digestion est difficile et incomplète, un processus qui provoque de la rétention d'eau. Dans ce cas, il est important de supprimer les aliments qui contiennent des germes de blé (pizzas, quiches, tourtes, pâtisseries, pains, pâtes, biscuits…) et de les remplacer par des aliments sans gluten, vendus dorénavant dans le commerce. Misez sur les farines de maïs, de seigle, d'avoine ou de riz. Mais rassurez-vous : peu de personnes sont réellement allergiques au gluten.

# Mon alimentation anti-stockage : par quoi on commence ?

## Les 8 meilleurs aliments anti-stockage

Les aliments brûle-graisses sont des aliments peu caloriques et capables d'emprisonner les graisses pour mieux les éliminer, ou encore qui ont des propriétés coupe-faim. Faites-en vos en-cas préférés si vous avez un petit creux ou ajoutez-les systématiquement à votre menu quotidien.

### ❶ La pomme et sa pectine : un coupe-faim naturel

Les fibres et la pectine de la pomme emprisonnent les graisses et stabilisent la glycémie. Une pomme apporte 50 kcal.

### ❷ Le yaourt : des protéines et des glucides

À condition qu'il soit maigre, le yaourt permet de renforcer la masse musculaire tout en favorisant un bon transit, et permet donc d'avoir un ventre plus plat ! Un yaourt nature apporte 55 kcal.

### ❸ Le thé vert : un compagnon pour la perte de poids

Le thé vert permet de déstocker les graisses grâce à sa caféine (qui favorise la lipolyse et réduit le volume graisseux).

### ❹ Le son d'avoine : le piégeur de graisse

Avec ses fibres solubles et non solubles, le son d'avoine permet de capturer les graisses. À manger sous forme de paillettes que vous saupoudrerez sur vos aliments. Attention, c'est un aliment laxatif ! Une seule cuillerée à café par jour suffit ! Il apporte 280 kcal pour 100 g.

### ❺ L'ananas : le brûleur de graisse

Délicieux, sucré, juteux, l'ananas est vraiment satiétogène : il coupe l'appétit grâce à la bromélaïne, un actif que l'on retrouve surtout dans la tige. Il apporte 50 kcal pour 100 g. Attention, mangez-le frais plutôt qu'au sirop !

### ❻ Les poissons gras : excellent pour le métabolisme

Le saumon, le thon et le maquereau sont très riches en oméga 3, des acides gras insaturés qui favorisent les échanges intracellulaires et permettent de mieux catalyser les graisses. Il est important de consommer des poissons pas trop cuits ! Ils apportent environ 200 kcal pour 100 g.

### ❼ Le céleri en soupe : contre le stockage des graisses

Dégustez le céleri plutôt en soupe ! Il est très riche en fibres et en vitamine B6, une association qui permet d'activer la production de noradrénaline, indispensable au système nerveux, et empêche l'installation des graisses.

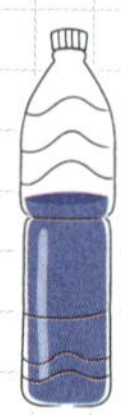

### ❽ L'eau : l'arme antitoxines

L'eau, qui est dépourvue de calories, draine les toxines hors du corps. Évitez les eaux gazeuses, trop salées.

## Les grignotages à éviter à tout prix…

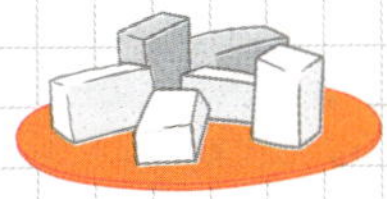

Évitez les biscuits secs, les pâtisseries, les fruits trop sucrés (bananes, raisins, dattes…), les confiseries et le chocolat, à l'exception du chocolat noir à 70 % de cacao. Si votre activité n'est pas assez importante, le sucre se transforme en graisse qui se loge dans les adipocytes.

**La meilleure façon de ne pas les consommer**

- N'achetez pas d'en-cas sucrés ou salés !
- Si on vous en propose, répondez systématiquement que vous n'aimez pas ça !
- N'oubliez pas que 100 g de sucre équivalent à 400 kcal, soit plus de 30 minutes de jogging : le calcul est vite fait !

### Les en-cas salés et très gras

Fuyez les chips, les cacahuètes, les olives, le tarama, le saucisson et tout ce qui se mange à l'apéro accompagné de pain ou de crackers.

## Je sais dire non aux plats trop riches !

Entendez par « plats trop riches » les plats trop riches en graisses et donc trop caloriques. En général, ces plats sont délicieux, car le gras donne beaucoup de saveur aux aliments ! Il est donc important de favoriser les plats dits « légers », qui apportent des protéines, des glucides complexes, des fibres et un peu de lipides d'assaisonnement.

**Exemple d'un plat léger complet**

1 steak grillé (120 g)
+ 1 petite assiette de pâtes (200 g cuites)
+ 1 noix de beurre (10 g) ou 1 c. à s. d'huile ou de sauce
+ 30 g de gruyère râpé

Ce plat apporte environ 515 kcal, ; 40 g de protéines, 23 g de lipides et 37 g de glucides.

### Du goût, moins de gras !

**Si vous aimez les plats comme la choucroute,** remplacez la saucisse par du jambon blanc et n'ajoutez pas de couenne de jambon dans le plat pour exalter le goût fumé.

**Si vous aimez le couscous,** ne mettez pas de beurre dans la semoule, ni d'huile dans le bouillon. Remplacez les merguez par des saucisses de veau, et l'agneau par du poulet.

# J'organise ma semaine en fonction de mes objectifs

## Objectif 1 : je veux atténuer ma cellulite et tonifier mes jambes

Faites vos 3 exercices anticellulite tous les jours (le coup de fouet, le pont, la montée sur escalier).

+ 2 fois par semaine, faites une miniséance de renforcement musculaire avec des exercices pour fuseler les jambes (les battements intérieurs, le papillon et le plié).
+ Au moins 3 jours par semaine, adoptez le régime anticellulite et buvez des tisanes drainantes.
+ Faites tous les jours au moins 30 minutes de marche active.
+ Pratiquez 1 fois par semaine votre activité cardio-vasculaire préférée (danse, rollers, step, aquabiking...). Si vous le pouvez, privilégiez l'aquabiking et le cycling en salle de fitness, car ces activités sont parmi les plus efficaces pour vous permettre d'atteindre vos objectifs.
+ 3 fois par semaine après la douche, faites un massage selon la technique du palper-rouler (plutôt le soir).

**Mon programme perso, cette semaine**

| Semaine 1 : activités choisies |
|---|
| Lundi : .................................... ........................................ |
| Mardi : .................................... ........................................ |
| Mercredi : .................................... ........................................ |
| Jeudi : .................................... ........................................ |
| Vendredi : .................................... ........................................ |
| Samedi : .................................... ........................................ |
| Dimanche : .................................... ........................................ |

## Objectif 2 : je veux perdre quelques kilos et avoir des hanches moins enrobées

Faites tous les soirs, ou en revenant du travail, 3 exercices :

- Le pont dans les exercices anticellulite : il remuscle les fesses tout en drainant le bas du corps.
- Le plié au-dessus d'une chaise dans les exercices qui affinent les cuisses : il sculpte significativement les hanches et les tonifient.
- Le pas du patineur : cet exercice va dessiner votre taille tout en affinant le bas de votre corps, pour une silhouette plus élancée.

+ Pendant 1 mois, adhérez au programme minceur afin de perdre du poids et faites une cure de 3 semaines de tisanes drainantes.

+ Marchez activement pendant au moins 30 minutes tous les jours.

+ Faites 2 séances par semaine d'activités cardio-musculaires, consommatrices de calories. Choisissez des activités plutôt ludiques pour rester motivée : zumba, danse, aquafitness, marche nordique…

+ Tous les soirs, massez-vous le ventre et les cuisses avec une crème amincissante dosée à 3 % de caféine au moins ou une crème raffermissante pour améliorer la tonicité de votre peau.

## Mon programme perso, cette semaine

| Semaine 1 : activités choisies |
|---|
| Lundi : ........................................ |
| Mardi : ........................................ |
| Mercredi : ........................................ |
| Jeudi : ........................................ |
| Vendredi : ........................................ |
| Samedi : ........................................ |
| Dimanche : ........................................ |

## Objectif 3 : je veux affiner mes fesses et mes cuisses

Tous les matins, faites 3 exercices anticellulite (le pont, le coup de fouet et la montée sur escalier).

+ Pratiquez tous les soirs les exercices qui affinent les jambes : les battements intérieurs, le papillon et le plié au-dessus de la chaise.

+ 3 fois par semaine après la douche, faites-vous un massage en palper-rouler avec une crème amincissante (plutôt le soir).

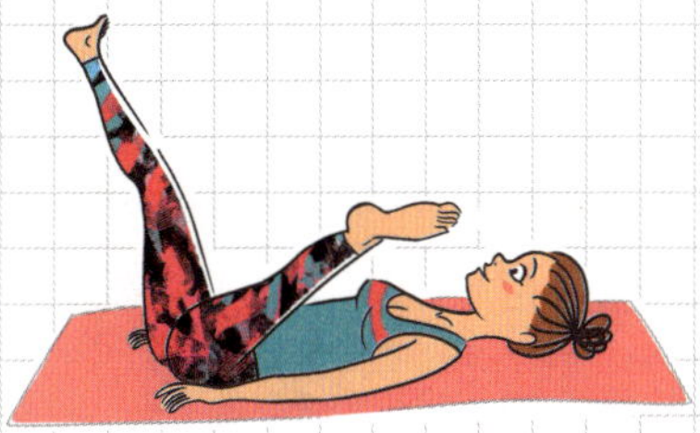

+ 2 fois par semaine, faites une séance de vélo elliptique de 20 minutes environ. Et si vous ne pouvez pas aller en salle, procurez-vous un ministepper en magasin spécialisé (environ 20 €).

+ Tous les soirs, étirez les muscles de vos jambes avec quelques exercices de stretching (voir mes astuces dans la partie « Comment sculpter vos cuisses en 3D », p. 11-12).

+ Pendant une semaine, buvez des tisanes drainantes en milieu d'après-midi (voir p. 20).

+ Pratiquez au moins 1 fois par semaine un cours de barre au sol, de stretching ou de yoga.

### Mon programme perso, cette semaine

| Semaine 1 : activités choisies |
|---|
| Lundi : ........................................ |
| Mardi : ........................................ |
| Mercredi : ........................................ |
| Jeudi : ........................................ |
| Vendredi : ........................................ |
| Samedi : ........................................ |
| Dimanche : ........................................ |

## Objectif 4 : je veux une taille plus marquée et un ventre plat

Faites tous les jours les 5 exercices recommandés pour affiner la taille : le métronome, la planche latérale, le ballon derrière le dos, le pas du patineur et la croix (voir p. 13 à 15).

Ces exercices font travailler non seulement les muscles qui dessinent la taille (les transverses), mais aussi la ceinture abdominale en profondeur.

+ Massez-vous pendant quelques minutes le ventre et les hanches avec une crème amincissante ou raffermissante, le matin après la douche.
+ Adoptez l'alimentation minceur pendant toute la semaine et observez-en les effets sur votre perte de poids.
+ Évitez les grignotages sucrés et salés.
+ 2 fois par semaine, participez à un cours de salsa, de zumba ou de step.
+ Les autres jours, marchez activement pendant au moins 30 minutes par jour.

### Mon programme perso, cette semaine

| Semaine 1 : activités choisies |
|---|
| Lundi : ........................................ ........................................ |
| Mardi : ........................................ ........................................ |
| Mercredi : ........................................ ........................................ |
| Jeudi : ........................................ ........................................ |
| Vendredi : ........................................ ........................................ |
| Samedi : ........................................ ........................................ |
| Dimanche : ........................................ ........................................ |

# 2e semaine

## Activités physiques : je redessine mes fesses en fonction de mes objectifs

Bonne nouvelle ! Les fessiers sont constitués de trois muscles volumineux et assez ronds qui (si l'on s'en sert !) se musclent assez rapidement. En fonction de leur localisation, ils rehaussent la fesse (le grand fessier) ou affinent la hanche (moyen fessier) et le contour de la fesse (le petit fessier, le plus profond des muscles fessiers). Certains exercices de renforcement musculaire sont très efficaces pour les redessiner !

La régularité dans la pratique d'une activité physique donne vraiment des résultats rapides sur les fessiers. Si on y ajoute tous les jours une petite séance de 10 minutes d'exercices de renforcement ciblés, la potion est presque magique ! Vous allez voir vos fesses se muscler, et si vous ajoutez encore quelques exercices pour tonifier le bas du dos, votre chute de reins va être vertigineuse !

Pour améliorer l'intensité de vos exercices et ne pas avoir toujours la même routine, vous pouvez vous acheter quelques accessoires, comme des rubberbands, un swiss ball, un ministepper, des haltères ou des lests à mettre aux pieds.

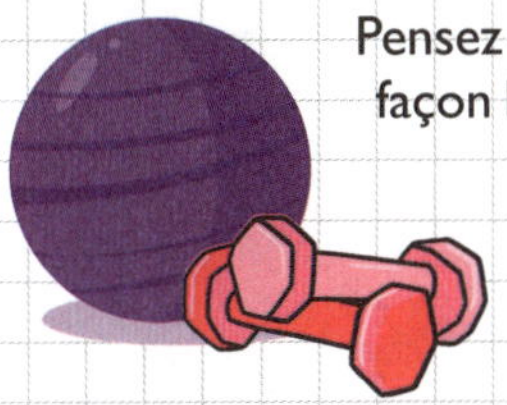

Pensez aussi aux activités dans l'eau : n'oubliez pas que cette dernière masse de façon bénéfique les tissus, qu'elle joue aussi le rôle de « contre-résistance » en rendant l'exercice plus difficile et le muscle plus fort, et qu'elle relaxe et divise le poids de votre corps par deux… ce qui fait beaucoup d'avantages, non ? Et si vous additionnez à votre effort l'utilisation astucieuse de minipalmes, ou d'une planche, les mouvements deviendront encore plus intenses et efficaces !

# Test : de quoi ont l'air mes fesses ?

Pour un programme bien ciblé, voici un petit test qui fait le point sur vos rondeurs… assumées ou non !

### Vos fesses vous évoquent plutôt le petit nom de…

▲ Popotin.
■ Crêpe.
● Marshmallow.

### Vos fesses sont plus jolies dans…

▲ Une robe un peu floue.
■ Un pantalon taille basse.
● Un jean un peu épais et plutôt gainant.

### Vos fesses, vous aimeriez en priorité…

▲ Les affiner.
■ Les repulper.
● Les remuscler.

### Vous estimez avoir au niveau de vos fesses…

▲ Une culotte de cheval trop importante.
■ Aucune courbe sensuelle !
● Un potentiel musculaire très paresseux…

### Pour avoir de plus jolies fesses, vous feriez bien…

▲ Un massage en palper-rouler.
■ Des exercices pour tonifier leurs muscles.
● Une liposuccion !

### Vous grossissez facilement…

▲ Des fesses.
■ Vous avez de la chance, vous grossissez peu en général…
● De partout.

### Dès que vous faites un peu d'activité physique…

▲ Vos fesses perdent du volume.
■ Tout votre corps se tonifie.
● Vos fesses se dessinent un peu…

### On dit en général de vous que vous êtes…

▲ Plutôt sensuelle.
■ Du genre androgyne.
● Bien en chair !

### Si vous deviez choisir une activité physique, vous en choisiriez une qui…

▲ Dessine votre silhouette.
■ Vous muscle davantage.
● Vous fait mincir avant tout.

**Faites les comptes !**

| ▲ | ■ | ● |
|---|---|---|
| | | |

**Vous avez une majorité de ▲** : *vous trouvez que vos fesses sont trop épaisses !*

Vous avez, comme le dit l'expression courante, un bon popotin. Cela peut être très sexy et joli, à condition qu'il soit bien dessiné et musclé.

## Mes astuces anticellulite

- ✔ Ayez une alimentation équilibrée (pas trop de graisse, de sucres rapides et de sel), riche en fibres et en protéines.
- ✔ Faites une activité cardio-vasculaire de 45 minutes au moins 2 fois par semaine, qui vous permettra de brûler un maximum de calories.
- ✔ Choisissez des exercices de renforcement musculaire spécial fessiers. Il est important de faire une séance d'au moins 10 minutes par jour.

**Vous avez une majorité de ■** : *vous trouvez que vos fesses sont trop plates !*

Il semble que les muscles de vos fesses soient quasi inexistants ! Pourtant, ils ne sont peut-être pas très volumineux, mais ils sont bien là ! En général, ce type de fesses est spécifique aux silhouettes assez menues et fines. Il est important de commencer par des exercices qui ne demandent pas une trop grande force musculaire et d'y aller progressivement : 2 séries de 10 répétitions, puis 3 séries de 10 répétitions, puis 3 séries de 15 répétitions.

## Mes astuces anticellulite

- ✔ Ayez une alimentation assez riche en protéines (poisson, viande, œuf…) pour vous aider à optimiser votre masse musculaire.
- ✔ Autre point essentiel : suivez un programme d'activités physiques qui booste la musculature des fessiers, avec par exemple des séances de vélo elliptique (au moins 2 fois par semaine).
- ✔ Faites des exercices de renforcement musculaire à grande amplitude, comme les pliés.

**Vous avez une majorité de ●** : *vous trouvez que vous avez des fesses trop molles !*

Vos muscles sont sans doute paresseux parce que votre activité l'est aussi un peu…
Il va donc être très important pour vous de faire une activité régulière et non routinière, afin d'habituer vos muscles à réagir à différents mouvements.

## Mes astuces anticellulite

- ✔ Ayez une alimentation équilibrée pauvre en graisses et en sucres rapides.
- ✔ Changez de programme régulièrement : c'est la clé pour retrouver des fesses bien fermes.
- ✔ Variez les exercices de votre séance quotidienne de renforcement musculaire.
- ✔ Utilisez des accessoires comme des rubberbands ou des lests afin d'intensifier votre effort et faire travailler les muscles encore davantage.
- ✔ Pratiquez une activité cardio-vasculaire, comme la marche nordique ou le step, qui vont permettre de faire travailler de façon globale tous les muscles fessiers.
- ✔ Effectuez des activités cardio-vasculaires un jour, des exercices de renforcement le lendemain, une marche dynamique ou de la natation avec palmes le week-end… Vous allez voir qu'à ce régime, vos muscles vont se réveiller !

# Mes fessiers : des muscles volumineux faciles à tonifier !

Récapitulons ! Les fessiers sont vraiment très puissants et permettent d'exécuter de nombreux mouvements du quotidien, comme monter un escalier, marcher, faire une extension de la jambe en avant, en arrière et sur le côté… Nombre d'activités physiques sollicitent de façon encore plus ciblée cette région musculaire. Certaines sont faites d'exercices de grande amplitude, de type cardio-vasculaire, d'autres vous stabilisent dans une position tenue au rythme d'une respiration profonde. Ludiques, en pleine nature, en musique, avec des accessoires ou des appareils de musculation, les activités physiques se déclinent pour tous les goûts ! Voyez plutôt…

## 10 activités pour de jolies fesses

• **Le vélo elliptique** permet de simuler une montée contre une résistance pour intensifier l'effort.

→ **Quels muscles travaillent ?** Les trois muscles fessiers !

• **Le roller en ligne :** avec des glissements de jambe sur le côté, il fait particulièrement bien travailler les muscles fessiers grâce à des mouvements de grande amplitude.

→ **Quels muscles travaillent ?** Particulièrement le moyen fessier et les fibres musculaires supérieures des grands fessiers.

• **La danse classique :** avec ses pliés, ses battements, ses jetés, les mouvements sont extrêmement précis et travaillent la musculature avec une belle définition, aussi bien en étirement qu'en contraction, pour une harmonie parfaite.

→ **Quels muscles travaillent ?** Les trois muscles fessiers se renforcent avec précision.

• **La zumba :** cette danse dynamique est un mélange d'exercices de fitness, de salsa ou d'autres danses latino.

→ **Quels muscles travaillent ?** Les fessiers et les muscles de la taille, dans le même temps.

• **Le Pilates** (sur machines) : encadrée par des machines très sophistiquées faites de poulies, de courroies et de roulettes, vous travaillez vos muscles fessiers profonds au rythme d'une respiration profonde. Au sol, sur un tapis, le principe est le même.

→ **Quels muscles travaillent ?** Toute la chaîne des muscles fessiers, en particulier le petit fessier !

• **Le yoga :** cette gymnastique douce venue d'Asie permet de tonifier et d'étirer alternativement les muscles fessiers au rythme d'une respiration profonde. Cette relaxation très douce peut être pratiquée parallèlement à une activité plus cardio-vasculaire.

→ **Quels muscles travaillent ?** Tous, mais cette activité permet, en plus, de bien étirer les muscles de l'arrière des jambes.

• **Le gyrotonic :** des rubberbands très résistants sont ancrés dans les murs et vous permettent de faire des exercices tenus pendant quelques secondes dans une excellente position.

→ **Quels muscles travaillent ?** Le gyrotonic est très efficace sur tous les muscles fessiers ! L'intensité de l'exercice est augmentée grâce à la résistance des élastiques.

• **Le step :** c'est une petite marche sur laquelle on monte et on descend au rythme d'une musique effrénée. C'est un très bon exercice cardio-vasculaire !

→ **Quels muscles travaillent ?** Les trois muscles fessiers se combinent dans un effort modéré à intense.

• **La nage avec minipalmes :** cet exercice cardio-vasculaire est magique pour se faire de jolies fesses !

→ **Quels muscles travaillent ?** Les trois muscles fessiers sont très sollicités, et la résistance des palmes et de l'eau rend l'effort musculaire encore plus appréciable.

• **L'aquabiking :** il s'agit de pédaler sur un vélo immergé dans l'eau en piscine (ou dans des baignoires en institut) en cours collectif ou en séance individuelle.

→ **Quels muscles travaillent ?** Tout le bas du corps : les fessiers, les quadriceps, les ischio-jambiers, les mollets et les abdominaux.

## Pour galber vos fesses, les rendre toniques, les rehausser...

Vous pouvez faire des exercices pour muscler les fessiers :

– au poids du corps, donc sans appareil ni charge additionnelle ;
– avec des haltères ;
– avec une barre en réalisant des squats ;
– avec des chevillières lestées ;
– avec un ballon de gym (ou swiss ball) ;
– avec un appareil de musculation à charge guidée (vélo elliptique, stepper, rameur).

Après chacune de vos séances pour obtenir des fesses musclées, n'oubliez pas d'étirer vos fessiers après les avoir contractés : les étirements favorisent une belle définition musculaire. Il est aussi possible de muscler les fessiers en utilisant un appareil d'électrostimulation, mais attention, cette méthode ne remplace pas l'activité physique.

# Mes exercices de renforcement musculaire 100 % fessiers

## J'efface ma culotte de cheval et je redessine ma chute de reins

### L'ouverture latérale

**Comment faire ?** Mettez-vous debout de profil du côté gauche près d'une chaise, jambes jointes et tendues, main gauche en appui sur le dossier de la chaise. En conservant les hanches de face, levez latéralement la jambe droite tendue à 10 cm du sol. En initiant bien le mouvement de l'extérieur de la cuisse (et non du genou), faites des battements latéraux vers le haut.

**Comment respirer ?** Respirez profondément par la bouche chaque fois que votre jambe monte dans le battement.

**Combien de fois ?** Faites 3 séries de 15 battements de chaque côté.

### Le bas du dos

**Comment faire ?** Assise au sol, jambes fléchies, placez un petit ballon en plastique environ 10 cm derrière votre dos, qui doit être parfaitement droit. Vos mains sont posées sur vos genoux. En veillant à ne pas projeter votre corps en avant, relâchez le bas de votre dos comme pour aller rejoindre le ballon, puis revenez en position initiale, en étirant le bas de votre dos, les bras tendus.

**Comment respirer ?** Soufflez par la bouche quand le bas du dos s'allonge.

**Combien de fois ?** Faites 3 séries de 15 répétitions.

**Attention :** ne donnez pas d'impulsion avec le haut de votre corps.

### Batman sur un ballon (swiss ball)

**Comment faire ?** Placez-vous couchée sur le ventre sur un ballon, type swiss ball. Vos mains sont posées au sol et écartées de la largeur des épaules devant le ballon. Vos jambes sont jointes et tendues, pointes de pied en appui sur le sol. Dans cette position, en faisant appui avec votre ventre sur le ballon, relevez vos deux jambes en même temps en contractant vos fessiers. Gardez la position quelques secondes.

**Comment respirer ?** Soufflez profondément par la bouche en montant les deux jambes.

**Combien de fois ?** Faites 2 séries de 15 répétitions.

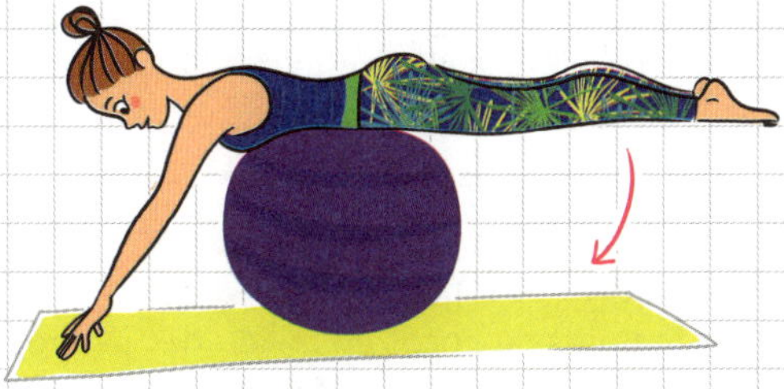

## La culotte de cheval : une réserve de graisse ancestrale !

Pour les femmes, c'est vraiment la zone la plus difficile à muscler, car la culotte de cheval est constitutionnelle : en cas de grossesse et de disette, cette réserve adipeuse permettrait d'avoir l'énergie calorique suffisante pour assumer les besoins d'un nourrisson. Aujourd'hui, vous ne risquez pas de mourir de faim, mais cette zone énergétique de votre corps est toujours présente et son volume persiste ! Il est donc important, pour la diminuer, d'avoir un bon équilibre alimentaire et une activité physique qui soit à la fois cardio-vasculaire et de renforcement musculaire.

**Musclez-vous l'air de rien !**
Faites l'exercice du bas du dos (voir page précédente) dès que vous êtes assise, et le plus souvent possible.

## Décolletez votre dos !

La robe décolletée dans le dos est de plus en plus adoptée de nos jours en raison de son côté glamour et de l'allure sexy qu'elle confère lorsqu'elle est portée de façon assumée. Très tendance, le décolleté existe en plusieurs modèles : profond, recouvert de dentelle, avec bretelles croisées dans le dos...

C'est le carré des lombes, un muscle profond juste au-dessus des fesses, qui est responsable de la tonicité de votre chute de reins. S'il n'est pas très tonique et si vous êtes un peu trop gourmande, il est recouvert de graisse et crée un petit bourrelet disgracieux de part et d'autre du bas du dos. Le carré des lombes est une zone qu'on oublie souvent de faire travailler car on ne la voit pas. À muscler à volonté !

## Adoptez une bonne position assise

Si vous voulez garder une jolie chute de reins, il est très important d'avoir une bonne posture quand vous êtes assise. Votre dos doit être bien droit, même s'il est en appui sur le dossier de la chaise. Ne projetez pas votre ventre en avant. Vous pouvez aussi travailler ou téléphoner assise sur un swiss ball, le dos toujours bien plat. La position instable due à la mobilité du ballon va vous obliger à mobiliser les muscles des abdominaux et du bas du dos.

Pensez aussi à vous masser de temps en temps ou à profiter d'un massage bien tonique, comme le massage suédois.

# Je repulpe mes fesses et j'affine l'arrière de mes jambes

## La fente avant

**Comment faire ?** Debout, en fente avant, placez la jambe droite tendue à 1 mètre devant la gauche, puis placez le pied gauche en appui sur la pointe. En gardant le poids du corps au milieu des jambes, fléchissez la jambe droite et la gauche à angle droit jusqu'à ce que le genou gauche touche presque le sol. Remontez ensuite lentement.

**Comment respirer ?** Soufflez profondément par la bouche chaque fois que le genou touche presque le sol.

**Combien de fois ?** Faites 2 séries de 2 répétitions de chaque côté.

## Le pont sur un swiss ball

**Comment faire ?** Couchée au sol, les bras le long du corps, placez vos pieds écartés de la largeur des hanches sur un swiss ball. Vos jambes sont fléchies à 90 degrés.
Lentement, remontez votre bassin le plus haut possible sans creuser le dos, puis redescendez jusqu'au sol.

**Comment respirer ?** Soufflez profondément par la bouche en montant le bassin.

**Combien de fois ?** Faites ce mouvement une dizaine de fois.

## Le plié avec un haltère

**Comment faire ?** Placez-vous debout, les jambes tendues et écartées un peu plus que la largeur des hanches, les pieds en ouverture (voir l'exercice « Le plié au-dessus d'une chaise », p. 10). Tenez un haltère de 1 à 2 kilos dans vos mains placées devant vous. Dans cette position, fléchissez les jambes en gardant le dos bien droit et en amenant les genoux au-dessus des pieds, puis remontez lentement en tendant les jambes.
Vous éviterez de rouler vos pieds vers l'intérieur et de remonter trop rapidement en faisant une hyperextension des jambes.

**Comment respirer ?** Soufflez profondément par la bouche en remontant.

**Combien de fois ?** Faites 3 séries de 12 répétitions.

## Le chat

**Comment faire ?** Debout, jambes tendues et écartées de la largeur des hanches, inclinez-vous vers l'avant et posez vos mains en appui sur vos cuisses. Dans cette position, faites le dos rond, puis le dos plat en tirant les fesses vers l'arrière. Enfin, relâchez totalement le dos vers l'avant.

**Comment respirer ?** Respirez profondément par la bouche chaque fois que vous étirez les fesses vers l'arrière.

**Combien de fois :** Faites 3 séries de 15 répétitions.

**Musclez-vous l'air de rien !**
De temps en temps, dans une file d'attente ou dans le métro, montez sur la pointe des pieds en serrant les fesses, puis revenez à votre position initiale, les pieds à plat.

## Le mythe des fessiers est au Brésil !

Le *bumbum* (petit nom donné aux fesses) est sûrement la partie du corps qui préoccupe le plus les femmes *cariocas* (les habitantes de Rio) et *paulistas* (les habitantes de São Paulo). La beauté des fesses est une préoccupation nationale au Brésil !

L'*Academia* y est l'équivalent de nos salles de sport, mais avec un côté plus social. Les Brésiliennes y vont souvent pour prendre soin de leur corps, notamment de leurs fessiers, mais aussi pour passer un moment convivial ! Tous les jours, elles se rendent dans leur *Academia* pour faire une séance d'abdos-fessiers. À la sortie, elles consomment un milk-shake très protéiné afin de renforcer leurs muscles. Ne les enviez pas trop : les critères esthétiques d'un beau *bumbum* ne sont pas du tout les mêmes qu'en France : là-bas, il doit être spectaculaire, tandis que chez nous il doit juste être sexy !

## Massez l'arrière de vos jambes

Pour un massage à la fois relaxant et vraiment drainant, allongez-vous sur votre lit. Prenez un peu de crème raffermissante dans vos mains et chauffez-la en frottant ces dernières l'une contre l'autre. Levez une de vos jambes à la verticale et massez à partir de la cheville jusqu'à la fesse par effleurements toniques, une main après l'autre. Faites ce massage avant d'aller vous coucher pour favoriser le drainage pendant la nuit.

## Je rehausse et tonifie mes fesses

### Le squat

**Comment faire ?**

Tenez-vous debout, jambes tendues et écartées de la largeur des hanches, bras relâchés le long du corps. Fléchissez les deux jambes, en tirant vos fessiers vers l'arrière. En même temps, tendez les bras devant vous en croisant vos pouces.

Durant la descente, placez le poids de votre corps sur les talons, pas sur le bout des pieds (vous devez donc pouvoir remuer les orteils). Alignez vos pieds avec vos genoux, ces derniers ne devant pas dépasser la pointe des pieds.

Serrez la ceinture abdominale et bombez le torse, sinon vous serez en déséquilibre, ce qui vous obligerait à prendre une mauvaise posture pour ne pas tomber.

En descente, poussez les fesses vers l'arrière et non vers le bas.

**Comment respirer ?** Soufflez profondément par la bouche dans la descente.

**Combien de fois ?** Faites 3 séries de 8 squats.

### Le couché ventral

**Comment faire ?**

Couchez-vous sur le ventre, jambes jointes et tendues, mains posées sous le front et coudes vers l'extérieur. En gardant bien les deux hanches au sol, soulevez la jambe gauche de quelques centimètres et faites des petits battements de faible amplitude vers le haut.

**Comment respirer ?** Soufflez profondément par la bouche en levant la jambe tendue.

**Combien de fois ?** Faites 3 séries de 10 battements de chaque côté.

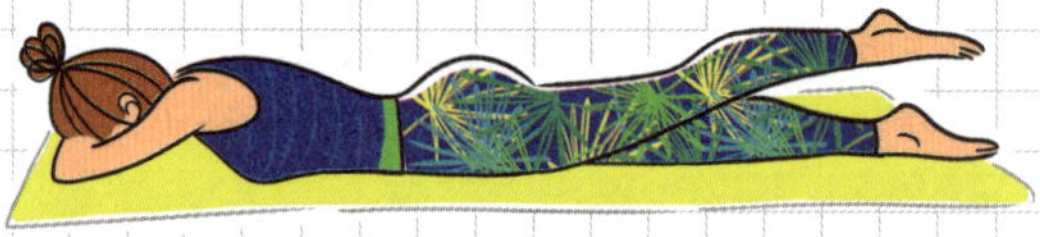

### Comment bien vous positionner durant ces exercices ?

- ✔ Veillez toujours à ce que votre centre de gravité soit correctement placé (celui indiqué dans la description de l'exercice).
- ✔ Soufflez par la bouche au moment de l'effort lorsque vous travaillez en séries.
- ✔ Si l'exercice se fait debout, veillez à ce que vos pieds soient bien à plat et ancrés au sol.
- ✔ Votre dos doit toujours être bien droit.
- ✔ Votre tête doit se trouver dans le prolongement naturel de votre colonne vertébrale.
- ✔ Vos mouvements doivent être fluides.

## Le 3D

**Comment faire ?**

Tenez-vous debout et de profil près d'un mur, jambes jointes et tendues. La main gauche est en appui contre le mur, le bras tendu. Fléchissez la jambe droite à 90 degrés en gardant le pied souple. Faites 10 élévations du genou vers la poitrine, dos bien plat.
Ouvrez ensuite le genou vers l'extérieur et, en gardant les hanches bien en face, faites 10 élévations du genou sur le côté.

**Comment respirer ?** Soufflez profondément par la bouche chaque fois que vous élevez votre genou.

**Combien de fois ?** Faites 3 séries de 15 répétitions de chaque côté.

**Les défis Facebook ? Inutiles !**
Le « 30 jours squats challenge » a été l'un des défis les plus suivis sur Facebook ces dernières années, le but étant de se façonner un magnifique fessier en 30 jours seulement. Mais attention à ce genre de défi ! Le nombre de répétitions est très important et demande une condition physique à la mesure de cet effort. Le challenge est très compétitif, vous risquez donc de vous faire mal. Il n'est absolument pas nécessaire de passer tout votre temps à faire des abdos-fessiers pour que votre musculature se développe ! Comme pour le régime minceur, il est plus important de travailler en progression pour ne pas subir de dommages physiques… ou une démotivation !

## Le coup de pied arrière avec ou sans élastique

**Comment faire ?**

Positionnez-vous par terre, à quatre pattes. Placez bien le poids du corps entre vos bras et vos jambes (ni trop en avant ni trop en arrière). Dans cette position, tendez la jambe gauche en arrière, pointe du pied au sol. Lentement, en gardant toujours vos hanches face au sol et sans creuser le dos, levez la jambe en peu plus haut que le niveau des hanches.

Vous pouvez aussi faire cet exercice en plaçant votre pied dans un rubberband tout en le maintenant sous vos mains.

**Comment respirer ?** Soufflez profondément par la bouche lors de l'élévation de la jambe.

**Combien de fois ?** Faites 3 séries de 15 répétitions de chaque côté.

**Musclez-vous l'air de rien !**
Marchez en faisant toujours une extension complète de la jambe arrière avant de la faire revenir devant. Cette extension vous permettra de faire travailler au maximum vos fessiers dans l'exercice de la marche.

# Test : les fessiers ont aussi leur mot à dire !

Les muscles fessiers ont leur vocabulaire à eux ! Les exercices portent des noms que tous les afficionados des séances d'abdos-fessiers connaissent. Puisque, à ce stade, vous êtes presque passée pro, il est temps pour vous de vérifier si vous maîtrisez ce vocabulaire.

**1. Qu'est-ce qu'un squat ?**

▲ Un exercice mal exécuté.
■ Un exercice pour les fessiers construit sur une flexion des jambes.
● Un exercice purement abdominal.

**2. Qu'est-ce qu'un plié ?**

▲ C'est une figure de gym rythmique.
■ C'est un exercice technique apparenté à la danse classique.
● C'est un accessoire de gymnastique.

**3. Qu'est-ce qu'un exo adducteur ?**

▲ Un exercice de musculation du corps.
■ Un exercice de musculation qui rapproche un segment musculaire du centre du corps.
● Une machine de musculation.

**4. Qu'est-ce qu'un exo abducteur ?**

▲ Un exercice de musculation pour le bas du corps.
■ Un exercice de musculation qui éloigne un segment musculaire du centre du corps.
● Un exercice de grande amplitude.

**5. Qu'est-ce que le pas du patineur ?**

▲ Un accessoire qui permet de glisser.
■ Le mouvement que font les jambes lors de la pratique du roller en ligne.
● Le nom d'une équipe de hockey sur glace.

**6. Le moyen fessier est un muscle…**

▲ Profond.
■ Superficiel.
● Involontaire.

**7. Le fessier le plus célèbre d'Hollywood est celui de…**

▲ Sharon Stone.
■ Jennifer Lopez.
● Jennifer Lawrence.

**8. Le fessier le plus célèbre de la téléréalité est celui de…**

▲ Paris Hilton.
■ Loana.
● Kim Kardashian.

**9. Quel est l'exercice le plus complet pour muscler le fessier ?**

▲ La fente avant, dite « position du chevalier servant ».
■ Le batman.
● Le squat.

**10. L'accessoire le plus utilisé pour intensifier le travail des fessiers est…**

▲ L'haltère.
■ Le rubberband.
● La chevillière lestée.

**11. L'appareil de musculation guidée le plus utilisé est…**

▲ Le Press.
■ Le Butterfly.
● La barre.

**12. L'appareil d'exercices cardio-vasculaires le plus utilisé est…**

▲ Le vélo elliptique.
■ Le rameur.
● Le tapis de course.

**13. Quel est le mouvement le plus efficace pour effacer la culotte de cheval ?**

▲ L'abduction.
■ L'adduction.
● La flexion.

**14. La pratique du roller en ligne muscle…**

▲ Les bras.
■ Le petit et le grand fessier.
● Les abdos.

**15. Durant un exercice spécial abdos-fessiers, la chute de reins doit être…**

▲ Musclée en contraction.
■ Étirée.
● Plutôt au repos.

## Réponses :

1.■ ; 2.■ ; 3.■ ; 4.■ ; 5.■ ; 6.■ ; 7.■ ; 8.● ; 9.● ; 10.■ ; 11.▲ ; 12.▲ ; 13.▲ ; 14.■ ; 15.■.

**Le squat** est l'un des meilleurs exercices pour muscler les fessiers, car c'est un mouvement fonctionnel complet qui, s'il est bien exécuté, fait travailler un maximum de muscles du bas du corps, tout en engageant également la sangle abdominale.

**Le Press** est une machine de musculation composée de deux coussins qu'il faut soulever à la force des jambes. Couché sur le ventre, on passe les jambes sous les coussinets puis, en fléchissant les jambes, on ramène les coussinets vers soi. Un travail musculaire essentiellement dû à la contraction des fessiers !

**Le Butterfly** est un appareil de musculation constitué de deux coussinets placés de part et d'autre d'un banc. L'intérêt de cet appareil est de créer une abduction : assise, vous repoussez les coussinets à la force de vos jambes en travaillant vos fessiers.

# 2e semaine

# Nutrition : je surveille mon alimentation en fonction de ma biomorphologie

Nous avons toutes une morphologie qui se dessine dès notre plus jeune âge. Par exemple, certaines sont menues avec peu de poitrine et une taille fine, mais des hanches plutôt épaisses, quand d'autres sont longilignes et n'ont pas la taille très marquée. Ces différences font que nous n'accumulons pas les kilos au même endroit. Notre musculature aussi est variable en fonction de notre profil. Notre alimentation doit donc s'adapter à notre type morphologique.

Si vous prenez du poids très facilement sur l'ensemble du corps, il faut surveiller le sucre dans votre alimentation. Si vous êtes plutôt menue, il faudra en revanche penser à consommer de bonnes protéines pour optimiser votre masse musculaire. À chacune ses forces et ses petites faiblesses, que nous pouvons toutes facilement améliorer !

## Quelle est votre biomorphologie ?

Les biomorphologies sont au nombre de quatre. Naturellement, vous pouvez vous reconnaître dans plusieurs d'entre elles, mais vous vous retrouverez dans une typologie dominante en particulier.

### La typologie lymphatique

→ **Vous êtes plutôt petite et vous avez une bonne dizaine de kilos en trop. Vous faites facilement de la rétention d'eau, particulièrement au niveau du bas de votre corps : jambes, cuisses, fesses et ventre.**

Vous êtes une gourmande et, quand vous êtes fatiguée ou que vous avez besoin de compenser, vous vous dirigez en priorité vers les féculents et les aliments sucrés. Cette tendance augmente la surcharge de poids et la rétention de liquide dans les tissus.

**Pour mincir davantage et plus vite, veillez à :**

– renoncer aux grignotages sucrés et à la consommation de sodas ;
– éviter les aliments trop riches en sel (pas plus de 6 g par jour) ;
– avoir une activité physique cardio-vasculaire (marche active, jogging, danse…) qui vous permette d'éliminer les toxines et l'excédent d'eau accumulés dans votre organisme.

## La typologie sanguine

**Vous êtes d'une constitution assez robuste et bien charpentée. Cependant, vous avez une tendance à l'embonpoint.**

Votre système cardio-vasculaire peut être assez ralenti, particulièrement au niveau des jambes. Vos problèmes circulatoires peuvent être importants. Si vous avez de la cellulite, elle sera plutôt due à une mauvaise circulation sanguine et votre peau aura tendance à se relâcher.

**Pour mincir davantage et plus vite, veillez à :**

– avoir une alimentation qui soit riche en fibres (fruits, légumes, soupes,) et en protéines peu caloriques ;
– consommer des huiles et des poissons riches en oméga 3, comme l'huile de colza ou de noix, le thon, le saumon, le maquereau, la sardine. Ces aliments sont en effet très bénéfiques sur la circulation sanguine ;
– éviter tous les grignotages trop sucrés ou trop gras ;
– boire au moins 1 litre d'eau par jour ;
– pratiquer au moins deux fois par semaine une activité cardio-vasculaire qui active la circulation sanguine au niveau des fesses, des jambes et des cuisses (la nage avec palmes, le running, le step, le vélo elliptique…).

## La typologie bilieuse

**Vous avez un corps assez long très harmonieux. Votre taille est bien marquée et vous êtes bien proportionnée. Vous n'avez pas de problèmes circulatoires au niveau du bas de votre corps.**

Votre point faible concerne votre sphère digestive intestinale, avec une facilité à la constipation qui peut provoquer une cellulite localisée au niveau de la culotte de cheval. Parfois même, cette zone est douloureuse à la palpation.

**Pour mincir davantage et plus vite, veillez à :**

– avoir une alimentation riche en fibres et en produits fermentés (kéfir, yaourt) ;

– boire régulièrement des tisanes digestives à base de graines de fenouil ou d'anis étoilé (badiane) ;
– éviter les plats en sauce que vous avez du mal à digérer ;
– faire une activité physique relaxante après avoir mangé pour faciliter votre digestion, comme une promenade de quelques minutes ;
– vous masser régulièrement le ventre pour favoriser le transit ;
– pratiquer la respiration profonde (inspirez profondément par le nez en gonflant le ventre au maximum et soufflez par la bouche au même rythme ; à faire cinq ou six fois d'affilée avant de vous coucher) ;
– effectuer des activités physiques qui sollicitent particulièrement le ventre, comme la zumba, le Pilates, le yoga…

## La typologie nerveuse

**Vous êtes longiligne, de port élégant, mince, parfois maigre. Vous brûlez très rapidement des calories pour fournir à votre corps l'énergie qui lui est nécessaire et répondre à ses nécessités d'action. Le stress fait partie intégrante de votre mode de vie.**

Cette hyperactivité prédispose à des oxydations répétées qui peuvent provoquer un relâchement de la peau. Bien que vous soyez assez mince, votre masse musculaire n'est pas forcément très tonique. Le bas de votre corps n'est pas très musculeux et vos fesses sont même plutôt plates.

**Pour mincir davantage et plus vite, veillez à :**
– avoir une alimentation riche en antioxydants, que vous trouverez dans les fruits et les légumes, mais aussi riche en oligoéléments (magnésium, sélénium, fer, calcium), que vous trouverez dans les fruits secs, les légumes, les laitages, les viandes… ;
– consommer des aliments avec beaucoup de protéines pour optimiser votre masse musculaire ;
– faire des activités physiques de renforcement musculaire pour le bas du corps (gym avec élastique, step, nage avec palmes…) ;
– avoir une activité physique relaxante une fois par semaine (stretching, tai-chi, yoga) ;
– manger à heures régulières, en respectant une juste proportion de protéines, de glucides, de fibres et de lipides.

Quelle que soit votre typologie, il est important d'avoir une alimentation équilibrée et une activité physique régulière car, au fil du temps, les défauts liés à votre typologie vont se renforcer, surtout si vous vous laissez aller… Donc, autant vous y attaquer le plus tôt possible !

# Deux minutes dans la bouche… toute la vie sur les fesses !

Si vous voulez vous dessiner de jolies fesses, certains aliments sont vraiment à éviter, tout simplement parce que leur valeur calorique est très importante, leur densité nutritionnelle n'a pas beaucoup d'intérêt, ou parce qu'ils sont vraiment trop riches en graisses, en sel et en sucres. C'est vrai, ils sont bons et ont du goût… mais c'est tout ! Si vous ne les brûlez pas grâce à une activité physique intense, ils vont se transformer en graisse et se loger dans les adipocytes au niveau de vos fesses, de vos cuisses et de votre ventre.

En moyenne, les besoins énergétiques d'une femme tournent autour de 2000 calories par jour. Sachant que **certains aliments peuvent apporter jusqu'à 600 calories, voici les aliments très (trop !) riches que vous éviterez absolument de consommer** si vous êtes dans une optique de **régime alimentaire.** Sachez donc leur dire non et enfilez pour toujours votre plus beau pantalon…

## Au petit déjeuner

### Côté gâteaux, je fuis :

- ✗ Les gaufres
- ✗ Les gaufrettes fourrées
- ✗ Les madeleines
- ✗ Le pain d'épice
- ✗ Les viennoiseries
- ✗ Les gâteaux aux amandes
- ✗ Les gâteaux industrialisés

→ **Pourquoi ?** Ils sont non seulement trop sucrés et trop gras mais, en plus, ils ont un index glycémique élevé. Ils ne vous rassasieront que très peu de temps.

### Côté crémerie, j'évite à tout prix :

- ✗ Le lait entier en poudre
- ✗ La margarine
- ✗ Le beurre
- ✗ La crème fraîche entière

→ **Pourquoi ?** Tous ces aliments sont très riches en graisses saturées, qui augmentent les valeurs du mauvais cholestérol.

### Attention aux faux amis, comme :

- ✗ Le bacon
- ✗ Les œufs

→ **Pourquoi ?** Le bacon a l'air sec, mais il est gras ! Quant aux œufs, n'en consommez pas plus de deux par semaine, le jaune augmente les valeurs du mauvais cholestérol.

# Au déjeuner

## Je fais toujours l'impasse sur les viandes telles que :

- ✗ L'andouillette
- ✗ Le carré de porc
- ✗ La chair à saucisses
- ✗ Le faux-filet
- ✗ Le lard fumé
- ✗ Les merguez
- ✗ L'os à moelle

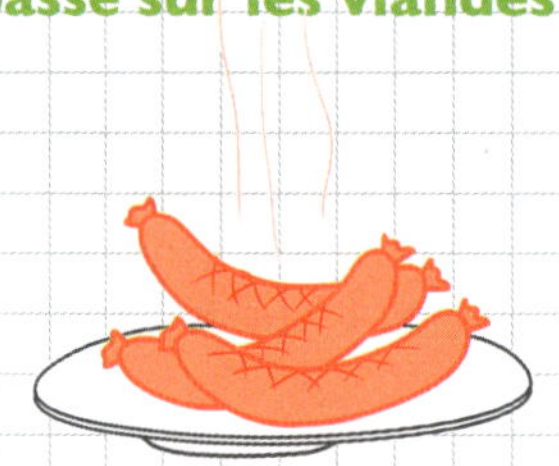

→ **Pourquoi ?** Toutes ces viandes, certes succulentes, sont vraiment trop riches en graisses !

## Côté volailles, j'évite :

- ✗ L'oie
- ✗ La poule
- ✗ Le chapon

→ **Pourquoi ?** Ces viandes sont, ici aussi, trop grasses.

## Je fuis certaines préparations de poisson, comme :

- ✗ Les œufs de poisson
- ✗ Les poissons à l'huile
- ✗ Les poissons fumés (surtout l'anguille fumée)
- ✗ Les poissons séchés (surtout la morue séchée)
- ✗ Les poissons frits

→ **Pourquoi ?** Ces préparations concentrent trop de sel et de lipides.

## Côté légumes, j'évite :

- ✗ L'avocat
- ✗ Les crèmes de légumes
- ✗ Les haricots secs
- ✗ Les soupes de lentilles
- ✗ Le maïs en grains
- ✗ Les pois cassés
- ✗ Les frites de pomme de terre

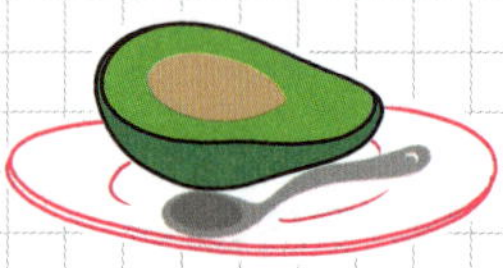

→ **Pourquoi ?** Certains de ces légumes sont riches en graisses (comme l'avocat) ou en sucres. Quant à la friture, c'est une source très importante de graisses saturées.

## À l'apéro

**Je continue à dire non aux :**

- ✗ Chips (surtout les Chipster®)
- ✗ Miniquiches
- ✗ Noix de cajou
- ✗ Pistaches

→ **Pourquoi ?** Ces amuse-gueule sont bien trop riches en sel et en lipides.

## Au dîner

**Côté boisson, je ne prends pas une goutte de :**

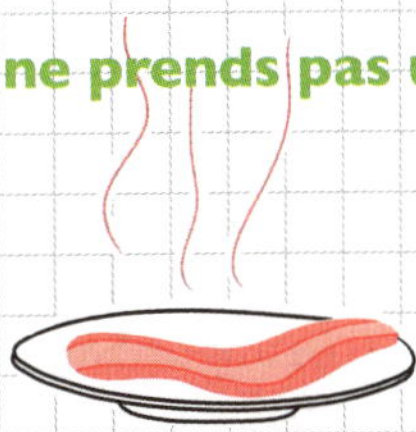

- ✗ Cognac
- ✗ Muscat
- ✗ Punch
- ✗ Rhum
- ✗ Whisky

→ **Pourquoi ?** Ces boissons alcoolisées contiennent trop de sucres et sont très caloriques ! Préférez, si vous en avez envie, un verre de vin rouge, qui comporte beaucoup moins de sucres, et donc de calories (environ 100 kcal par verre).

**Aux fromages, je fais l'impasse sur :**

- ✗ Le beaufort
- ✗ Le Boursin®
- ✗ Le comté
- ✗ L'emmental
- ✗ Le gorgonzola
- ✗ Le parmesan

→ **Pourquoi ?** Ce n'est pas parce qu'ils sont secs, comme le comté ou le parmesan, qu'ils sont moins gras… au contraire !

**Au dessert… vous pouvez oublier :**

✗ Tous les gâteaux type paris-brest, fondant au chocolat, crêpes au chocolat, dessert à base de pâte feuilletée ou de fruits secs.

→ **Pourquoi ?** Ces desserts sont trop sucrés et trop gras !

# À muscles volumineux, protéines de qualité

Pour augmenter votre masse musculaire, il faut augmenter votre consommation de protéines. Nous en utilisons en moyenne 0,8 g par kilo et par jour (soit 48 g par jour pour une femme de 60 kg). Si votre consommation est inférieure à vos besoins, votre organisme puise alors dans ses réserves propres, et la masse musculaire fond. Résultat : vos fesses, vos cuisses et votre ventre n'ont pas les jolies courbes que vous espériez !

## Consommez les meilleures protéines !

Les protéines contiennent des **acides aminés**, indispensables à notre organisme, et ils ont aussi la particularité de reconstituer la masse musculaire. Il en existe huit essentiels que nous ne savons pas fabriquer, et s'il en manque un sur les huit, c'est toute notre physiologie qui en est perturbée. Les protéines animales sont de très bonne qualité et utilisées directement pour la construction musculaire, alors que la plupart des protéines végétales sont carencées en un ou deux acides aminés essentiels. Voilà pourquoi il est très important de varier son alimentation et de consommer au moins deux portions de protéines d'origine différente chaque jour. Voici les meilleurs aliments à consommer régulièrement pour une diète sans carence !

### Les viandes de boucherie

Très riches en protéines d'origine animale facilement assimilables par l'organisme, elles contiennent du fer dit « hémique » (bien absorbé), elles sont riches en phosphore et en potassium, ainsi qu'en vitamine B12. Le filet de porc rôti, le rosbif rôti, le faux-filet de bœuf grillé et le filet rôti de veau apportent eux aussi plus de 28 % de protéines. Certaines viandes sont particulièrement maigres et riches en protéines, comme le jambon cuit, le foie de génisse, le filet de veau, le filet maigre de porc, le rosbif et le faux-filet de bœuf avec moins de 6 g de matières grasses pour 100 g, pour des teneurs bien supérieures à 20 g de protéines pour 100 g.

### Les graines de tournesol

En plus d'être une très bonne source de protéines, ces graines sont pleines de nutriments excellents pour vos biscotos, telle que la vitamine E, un antioxydant qui peut empêcher les dommages des radicaux libres entraînés par l'exercice. Mais attention, consommez les graines par petites poignées !

## Le maquereau

Les oméga 3 sont bons pour les muscles, surtout quand ils sont issus des graisses de poisson. Ils réduisent la diminution des apports protéinés causée par l'exercice. Pour construire du muscle, il faut stocker de nouvelles protéines plus rapidement que votre corps ne les brûle. Le maquereau est un des poissons les plus riches en oméga 3.

## Le soja

Rien à voir avec les pousses de haricots mungo, qu'on appelle par erreur « pousses de soja »… Le vrai soja est l'une des meilleures sources de protéines végétales qui soient. Pauvre en graisse, il contient tous les acides aminés essentiels au développement des muscles.

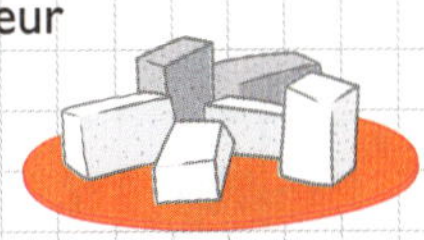

## La levure de bière

La levure de bière est un complément alimentaire très utilisé pour ses qualités nutritionnelles et thérapeutiques. En effet, elle apporte de très nombreux nutriments allant des protéines aux minéraux en passant par les vitamines B. Elle est recommandée en cas de fatigue et d'infection pour ressourcer l'organisme. Vous pouvez la consommer en paillettes sur vos yaourts, vos salades, vos soupes…

## Les œufs

En plus de contenir tous les acides aminés essentiels à la construction et à la réparation des muscles, les jaunes d'œuf sont riches en vitamine D, nécessaire à la bonne santé des tissus musculaires. De parfaits champions du petit déj', à condition de ne pas en manger tous les jours : 3 ou 4 œufs par semaine suffisent.

## Le bœuf

Rien n'est meilleur pour les muscles que les protéines de bœuf ! Riche en créatine, le bœuf accroît la masse musculaire, réduit les graisses et améliore l'endurance. Ne vous en privez pas !

## Le lait entier

Un verre de lait entier est riche en acides linoléiques, ce qui fait fondre les graisses et conserve les muscles. Mais attention, il est aussi très riche en calories. À ne surtout pas boire toute la journée !

## Le quinoa

Oubliez les féculents habituels et optez pour le quinoa. Cette graine originaire du Pérou est l'une des rares sources végétales de protéines complètes. En d'autres termes, elle contient tous les acides aminés nécessaires au corps, sans la graisse des protéines animales.

## La dinde

La viande de dinde contient de la glutamine, un acide aminé qu'on trouve dans les tissus musculaires. La glutamine facilite la synthèse des protéines, et donc augmente la masse musculaire. Bonus : la dinde est aussi une viande maigre.

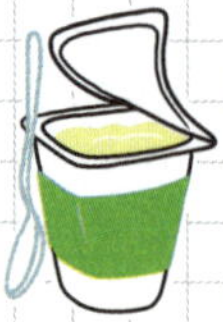

## Le yaourt aux probiotiques

Les probiotiques accroissent le nombre de bonnes bactéries dans les intestins. C'est bon pour la digestion des protéines, tout comme pour l'absorption d'autres nutriments importants pour les muscles.

## La ricotta

Ce fromage, ami de la pizza, est fabriqué à base de protéines de petit-lait, un aliment riche en acides aminés qui booste la croissance des muscles. Ajoutez-le aux œufs brouillés pour une omelette, utilisez-le à la place du beurre sur les tartines du matin, ou encore mixez-en un peu avec des fruits frais…

## La spiruline

Cette algue verte est une mine de nutriments ! Composée à 65 % de protéines, l'algue verte aussi une source de bêta-carotène, un antioxydant important pour la récupération des muscles après l'effort. Ajoutez-en à votre jus de fruits frais le matin.

## Le beurre d'amande

Le beurre d'amande ajoute une bonne dose de protéines à la nourriture. Très riche en magnésium, cet aliment aide les muscles à se contracter durant l'effort.

## Les germes de blé

Le germe de blé est un aliment très riche. Grâce à sa haute teneur en chrome, il améliore l'absorption des glucides par les cellules des muscles. Résultat : de l'énergie supplémentaire pour optimiser l'efficacité de votre séance. Les germes de blé sont aussi riches en arginine, un acide aminé nécessaire à la production de monoxyde d'azote, qui augmente la circulation de sang dans les muscles.

## Les crustacés et les mollusques

Crevettes, gambas, moules, crabes ou bigorneaux sont des aliments de très bonne qualité nutritionnelle, riches en protéines (21 %) et très peu gras (moins de 3 % de lipides, représentés par des oméga 3, des graisses insaturées). Une portion de 100 g de poisson (ou de viande) équivaut à 18 huîtres, en termes de protéines ingérées.

## Les graines germées

Elles sont très riches en protéines, mais aussi en lipides et en vitamine E. Le grain de blé contient environ 11 % de protéines, dont 90 % de gluten. Ce groupe alimentaire apporte principalement des glucides complexes, des fibres, mais participe également à compléter la ration de protéines végétales.

### Attention à la consommation de protéines le soir !

Il est conseillé de réduire sa consommation de protéines au cours du repas du soir, tout particulièrement pour les personnes ayant des tendances insomniaques. Un repas trop riche en protéines augmente la production de dopamine, un neurotransmetteur à l'origine de la motricité et donc de l'excitabilité… Des protéines au petit déjeuner et au déjeuner sont en revanche souvent recommandées. Attention aussi au « tout protéines » (façon régime Dukan), car la consommation de protéines doit être équilibrée avec des lipides, des fibres et des sucres. Les protéines sont difficiles à digérer (dans l'estomac) et demandent une grande participation des reins.

# Je mange selon mes petits défauts physiques

## Je suis très mince et mes fesses sont vraiment trop plates

**Votre priorité :** il est très important de manger régulièrement en prenant votre temps (au moins 3 repas par jour) et de consommer des aliments riches en protéines.

### Petit déjeuner

- Thé ou café
- 1 œuf à la coque
- 1 tranche de jambon blanc
- 1 tranche de pain complet avec 10 g de beurre
- 1 fruit de saison (kiwi, framboises, orange…)
- 6 amandes fraîches

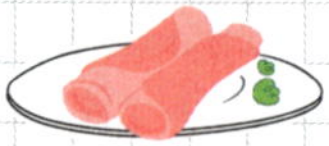

### Goûter

- 1 galette de riz
- 1 salade de fruits

### Déjeuner

- 150 g de bavette + 1 c. à c. d'huile d'olive
- 150 g de blé dur cuit à la vapeur mélangé à 100 g de tomate concassée + 2 échalotes émincées + herbes de Provence
- Fromage blanc à 20 % de MG
- 1 pomme

### Dîner

- 150 g de tofu ferme en dés revenus dans de l'huile d'olive
- 1 belle poignée de champignons de Paris
- 3 c. à s. de petits pois
- 4 c. à s. de riz blanc cuit
- 1 c. à s. de sauce soja
- 2 petits-suisses nature avec 1 banane

## J'ai plus de 8 kilos à perdre, et mes fesses et mes hanches sont enveloppées de graisse

**Votre priorité :** consommez moins d'aliments gras et sucrés afin de diminuer vos apports caloriques et de perdre du poids. Mangez des aliments qui contiennent des fibres afin de favoriser le transit.

### Petit déjeuner

- 1 tisane drainante ou 1 café
- 1 œuf de poule
- 2 petites tranches (20 g chacune) de pain de seigle grillées
- 1 fromage blanc à 0 % de MG
- 1 kiwi

### Déjeuner

- 120 g de filet de cabillaud cuit à la vapeur
- Pour la sauce, mélanger 3 c. à c. de crème fraîche allégée à 5 % de MG + 1 c. à c. de jus de citron + de la ciboulette ciselée
- 150 g de pommes de terre en rondelles + des brocolis revenus dans 1 c. à c. d'huile d'olive
- 1 yaourt aux fruits à 0 % de MG

### Goûter

- 1 poire
- 1 tisane drainante

### Dîner

- 1 petite salade composée avec des feuilles de salade iceberg + 2 c. à s. de maïs + 50 g de pâtes cuites type farfalle + 2 œufs durs coupés en quartiers + 1 cœur de palmier + 1 c. à c. d'huile + un peu de vinaigre + 1 échalote émincée
- 1 entremets au soja nature

## J'ai une culotte de cheval, partout ailleurs je suis mince

**Votre priorité : il est important pour vous de drainer l'eau et les toxines hors des tissus en optimisant l'élimination de l'eau de votre organisme.**

### Petit déjeuner

- 1 café ou 1 thé
- 1 tranche de pain aux céréales grillée
- 10 g de beurre
- 1 compote de fruits (pomme ou poire)

### Déjeuner

- 2 blancs de poulet + 2 belles tomates cuites au four

### Goûter

- 1 café ou 1 tisane drainante
- 1 tranche de pain aux céréales grillée

### Dîner

- 1 assiette de légumes cuits
- 100 g de quinoa
- 1 tranche de pain
- 30 g de fromage de chèvre
- 2 pommes

## Le bas de mon corps à partir des hanches est épais et très enrobé

**Votre priorité :** évitez de manger trop salé (pas plus de 6 g de sel par jour) et faites l'impasse sur les aliments trop gras et trop sucrés.

### Petit déjeuner

- 1 thé ou 1 café sans sucre
- 1 tranche de pain grillée
- 1 tranche du jambon blanc découenné
- 150 g de fruits de saison

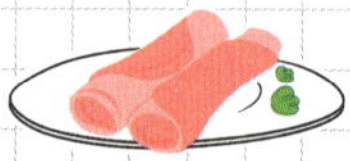

### Déjeuner

- 200 g de haricots verts ou de lentilles + 1 pomme de terre (200 g)
- 150 g de bœuf grillé + 1 assiette de salade
- 1 tranche de pain complet
- 1 kiwi

### Goûter

- 1 galette de riz

### Dîner

- 200 g de soupe de nouilles OU une omelette OU 2 œufs
- 1 sole grillée OU 1 tranche de cabillaud
- 1 tranche de pain complet
- 1 yaourt à 0 % de MG

## Je grossis de partout et mes fesses manquent de tonicité

**Votre priorité :** favorisez la consommation de protéines tout en respectant une alimentation peu calorique (1 500 kcal/jour pendant quelques semaines pour perdre du poids).

### Petit déjeuner

- 1 œuf à la coque avec une tranche de jambon maigre découennée
- 1 tranche de pain complet

### Déjeuner

- 100 g de calamar grillé avec son encre + 150 g de salade mixte avec oignon, concombre, laitue, tomates…
- 150 g de poulet rôti
- 1 tranche de pain complet
- 200 g de fruits de saison

### Dîner

- 150 g de bouillon (de bœuf)
- 150 g d'un assortiment de légumes bouillis : épinards, carottes…
- 150 g de sole
- 1 tranche de pain grillé
- 30 g de fromage de chèvre frais aux herbes

# 3e semaine

# Activités physiques : un ventre sexy selon mes objectifs !

Un ventre plat et des fesses fermes et bien musclées, c'est la combinaison magique pour avoir une allure sexy et pleine d'énergie. Une attention toute particulière doit être portée à votre ventre pour qu'il ne se transforme pas en un petit bidon un peu trop rond !

1. Vous devez muscler le bas de votre dos : si celui-ci est trop cambré, votre centre de gravité va se déplacer et votre ventre être projeté en avant. Des séances de musculation douce s'imposent donc !
2. Ensuite, vous devez travailler tous les muscles de votre ceinture abdominale : ceux qui stabilisent bien le bas du corps et ceux que l'on dessine pour avoir un ventre plus sculptural, comme les sportives…
3. Vous pratiquez assidûment une activité cardio-vasculaire, pour brûler les graisses et drainer les toxines : danse, natation, boxe, jogging, marche active, aquabiking…
4. Dans la foulée, vous continuez à surveiller votre alimentation : pas trop de sucres, pas trop de gras, mais beaucoup de fibres pour le transit et de bonnes protéines pour optimiser votre masse musculaire.
5. Si vous avez des enfants et êtes très active, vous serez peut-être tentée de laisser tomber votre activité physique par manque de temps… N'oubliez pas qu'en plus de vous faire un joli corps, cette parenthèse « rien que pour vous » va vous recharger en énergie et vous détendre. Faites savoir à votre famille que vous vous accordez chaque semaine 2 séances de 2 heures pour pratiquer votre activité. Si vous travaillez, faites un vrai break entre midi et deux avec une séance de fitness ou de yoga… sans oublier de déjeuner de façon équilibrée !

# Le ventre, une vraie gaine naturelle !

La ceinture abdominale est composée de quatre groupes de muscles très puissants : le transverse, les petits et les grands obliques, et les grands droits de l'abdomen. Chacun d'eux initie un mouvement différent (inclinaison, flexion, rotation). Insérés sur les côtes, ils occupent une place bien précise : de la couche la plus profonde (au plus près de la colonne vertébrale) pour le transverse à la couche la plus superficielle (au plus près de la peau) pour les grands droits.

## Du plus profond au plus superficiel

Le Dr Bernadette Gasquet, connue pour sa méthode d'accouchement et de rééducation postnatale, compare chacun de ces muscles à un « accessoire vestimentaire ».

❶ **Le muscle transverse** représente la « gaine », sa partie basse fait remonter les viscères à l'intérieur de la ceinture abdominale. C'est le muscle le plus profond de l'ensemble des abdominaux. Ses fibres sont situées à l'horizontale et, lorsqu'elles se contractent, elles réduisent le diamètre de la région abdominale (« ventre rentré »). C'est ce muscle qu'il faut tonifier pour avoir un ventre plat !

❷ **Les petits obliques** (de chaque côté) sont, avec les grands obliques, la « guêpière » de l'abdomen. Ces muscles obligent à redresser le buste, en faisant pigeonner la poitrine. Ils sont situés au-dessus du transverse. En éventail, leurs fibres permettent unilatéralement l'inclinaison du tronc et la rotation sur le côté.

❸ **Les grands obliques** (de chaque côté) représentent aussi une partie de la « guêpière », ils couvrent le devant et le côté de l'abdomen. Leurs fibres en oblique entraînent le tronc en inclinaison latérale sur le même côté ou en rotation du côté opposé. Lorsque les deux côtés se contractent en même temps, ces muscles fléchissent le tronc.

❹ **Les grands droits** sont comme des « bretelles », dont l'arrière serait les muscles longs du dos. Ce sont des muscles qui s'étendent verticalement sur l'aponévrose des trois autres muscles de l'abdomen. Ce sont les fléchisseurs du tronc. Il est aussi important de renforcer les grands droits que les muscles du dos.

**En bref :** si la ceinture abdominale devait être comparée à un bateau, le transverse serait le mât et les trois autres muscles, les voiles. Le transverse doit être renforcé pour soutenir toute la ceinture abdominale et protéger les organes. Les autres muscles aussi doivent être toniques et musclés pour sublimer l'aspect « dessiné » du ventre.

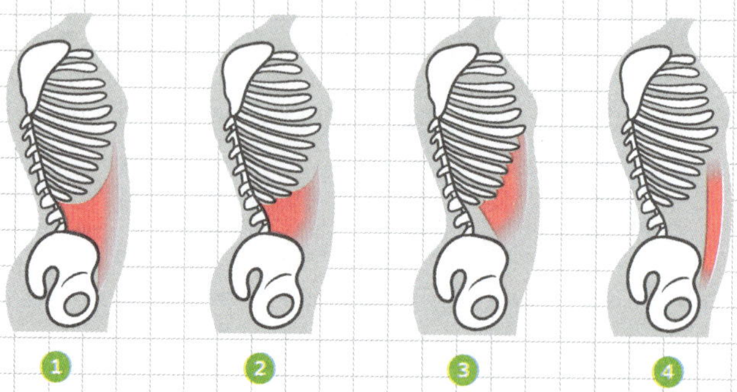

# Test : vous diriez que votre ventre ressemble à…

Un estomac un peu trop proéminent, une taille trop droite, un bas de ventre trop mou… chacune d'entre nous à son petit défaut esthétique ! Grâce à ce petit test, vous allez pointer celui qui vous préoccupe le plus et vous pourrez encore mieux orienter votre programme d'activités physique et alimentaire, pour de meilleurs résultats !

### Lorsque vous vous plaignez de votre ventre (douleur, gêne, inconfort)…

▲ Vous pincez systématiquement votre taille.
■ Vous pincez le bas de votre ventre.
● Vous accusez votre estomac !
✤ Vous passez votre main sur l'ensemble de votre ventre.

### Si vous deviez privilégier un exercice abdominal, vous feriez un extra pour…

▲ Celui qui affine la taille.
■ Celui qui renforce le bas du ventre.
● Celui qui redessine le haut du ventre.
✤ Le 100 % complet.

### Lorsque vous enfilez un jean…

▲ Vous arrivez à le boutonner, mais vos hanches font des bourrelets de part et d'autre !
■ Vous avez vraiment besoin d'un sous-vêtement gainant pour que le bas de votre ventre reste plat.
● Vous le boutonnez, mais votre estomac déborde un peu par-dessus.
✤ Impossible, vous ne rentrez plus dans votre jean !

### Lorsque vous faites attention à votre alimentation, que constatez-vous ?

▲ Immédiatement, votre silhouette retrouve de jolies courbes !
■ Vous avez moins de cellulite sur le bas de votre ventre.
● Vous avez le ventre nettement moins gonflé.
✤ Vous commencez à mincir de partout.

### Le vêtement qui ne vous va vraiment pas…

▲ Une robe ceinturée à la taille.
■ Un pull court qui fait ressortir votre estomac.
● Un vêtement trop ample qui ne soutient pas votre ventre.
✤ Un vêtement trop ample qui vous grossit encore davantage !

## Si vous devez choisir un maillot de bain…

- ▲ Vous prenez plutôt un bikini avec une culotte basse.
- ■ Vous choisissez un maillot qui aplatit votre estomac.
- ● Vous privilégiez un maillot galbant.
- ✤ Vous optez pour un maillot noir qui amincit votre silhouette.

**Faites les comptes !**

| ▲ | ■ |
| --- | --- |
| | |
| ● | ✤ |
| | |

**Vous avez une majorité de ▲ :**

*vous trouvez que votre taille n'est pas assez marquée ! Votre profil est le n° 1.*

Bien sûr, la génétique et le type de morphologie y sont aussi pour quelque chose… mais pas que ! Lorsque vous faites des écarts alimentaires, votre taille s'enrobe et vous finissez par perdre vos jolies courbes.

### Mes astuces anticellulite

- ✔ Ayez une alimentation équilibrée.
- ✔ Faites des exercices de renforcement musculaire ciblant les petits et les grands obliques.

Vous verrez, avec un travail régulier, votre taille va se redessiner assez rapidement.

**Vous avez une majorité de ■ :**

*c'est le haut de votre ventre que vous trouvez le moins esthétique ! Votre profil est le n° 2.*

Votre estomac est gonflé et recouvert d'une couche de graisse due aux excès alimentaire en graisses et en sucres, et peut-être également au manque d'activité physique. Il se peut aussi que vous ayez quelques problèmes de transit ou de digestion, et que les toxines accumulées dans votre organisme ne soient pas suffisamment drainées.

### Mes astuces anticellulite

- ✔ Choisissez une alimentation riche en fibres, en protéines et en sucres lents, et faites l'impasse sur les aliments trop gras ou trop sucrés.
- ✔ Buvez du thé, de l'eau et des tisanes drainantes.
- ✔ Côté sport : bougez ! Faites des activités cardio-vasculaires qui permettent de brûler un maximum de calories : jogging, natation, danse, boxe…
- ✔ Faites aussi des exercices de renforcement musculaire stimulant en priorité les grands droits, mais aussi les petites et les grands obliques.

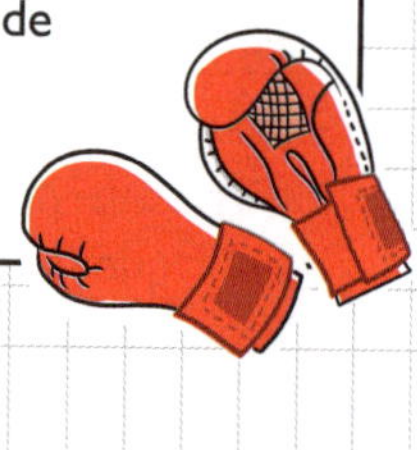

**Vous avez une majorité de ● :**

*comme beaucoup de femmes qui ont eu des enfants, le bas de votre ventre représente votre petit complexe esthétique ! Votre profil est le n° 3.*

Effectivement, les grossesses ont tendance à détendre cette partie du ventre, mais ce n'est pas une fatalité !

## Mes astuces anticellulite

- ✔ Surveillez votre alimentation : consommez moins d'aliments gras et sucrés, et pensez aux aliments riches en fibres (fruits, légumes, céréales…).
- ✔ Bougez un maximum pour brûler plus de calories.
- ✔ Afin d'avoir une allure plus tonique et un corps plus ferme, travaillez les muscles profonds de votre ceinture abdominale avec des activités comme le Pilates, la gymnastique sur gros ballon, le *core board* (un demi-ballon rond en plastique sur lequel repose une planche), le yoga ou encore l'aquafitness.
- ✔ Remusclez le bas de votre dos afin de fortifier votre ceinture abdominale.

**Vous avez une majorité de ✤ :**

*vous êtes ronde de partout et votre ventre ne fait pas exception ! Votre profil est le n° 4.*

La gourmandise et la bonne chère, ça vous connaît ! À force de craquer sur les douceurs alimentaires, vous avez accumulé une petite réserve de graisse au niveau de votre ventre. Des exercices cardio-vasculaires ciblés et une alimentation équilibrée vont vous aider à remettre un peu d'ordre et vous permettre d'éliminer cette petite réserve de graisse sur votre ventre !

## Mes astuces anticellulite

- ✔ Pour perdre quelques kilos, consommez moins de graisse, moins de sucre, moins de sel !
- ✔ Ensuite, stabilisez musculairement votre corps grâce aux muscles profonds de la colonne avec des activités en équilibre instable, comme le core board (un demi-ballon rond en plastique sur lequel repose une planche), la gymnastique sur gros ballon, le Pilates.
- ✔ Dernière étape, faites des exercices très ciblés pour remuscler votre ventre (comme par exemple le métronome, la croix, la planche latérale, le patineur…).

# Profil 1 Je perds du poids et je gagne un ventre plus plat

## Votre objectif

Vous débarrasser des quelques kilos qui plombent votre silhouette et pratiquer un renforcement musculaire pour renforcer le muscle stabilisateur de la ceinture abdominale : le transverse.

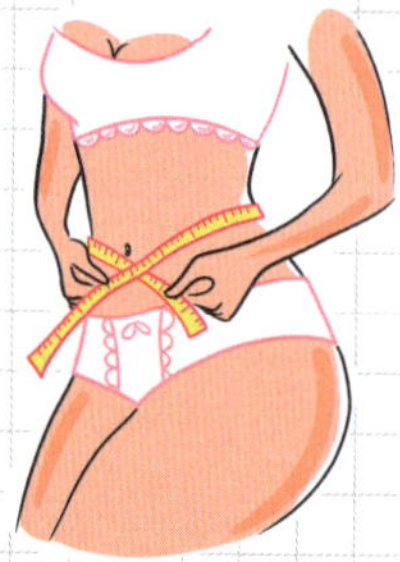

### Au programme…

Bougez au moins deux fois 45 minutes par semaine, avec des activités physiques qui vont vous faire brûler beaucoup de calories. Ces activités ont une répercussion globale sur la tonicité des muscles profonds autant que des muscles superficiels.

### Quelles sont les activités de fitness qui favorisent la perte de poids ?

Le jogging, la marche rapide, la natation, le step, la danse, l'aquafitness, la zumba…

**Pour vous dessiner un ventre plat, il faudra y ajouter quelques exercices à faire tous les jours** afin de renforcer le transverse, le muscle le plus profond, **et des exercices pour tonifier le bas du dos**. Ces exercices sont ceux qui tonifient les muscles profonds et stabilisateurs, et qui sont majoritairement utilisés dans les exercices de Pilates et de yoga. Ils sont encore optimisés par une respiration abdominale lente, qui fait travailler les abdominaux profonds. La combinaison des deux est un excellent moyen de voir votre ventre se dessiner et de vous débarrasser de la bedaine qui recouvre vos muscles.

## 3 exercices pour gagner un ventre plat (travail du transverse)

### Le genou/coude en position debout instable

**Comment faire ?** Positionnez-vous debout, jambes tendues et écartées de la largeur des hanches. Les bras sont fléchis devant la poitrine, les poings fermés.

Inclinez le haut du corps vers l'avant, tout en amenant la jambe droite fléchie en direction du coude gauche (les deux se touchent à mi-chemin). Revenez à la position de départ en contractant bien le ventre et en redressant le dos.

**Comment rendre l'exercice plus difficile ?**
Essayez de ne pas reposer le pied de la jambe suspendue (laissez-le à quelques centimètres du sol entre deux exercices). Vous allez augmenter votre instabilité en rendant le travail des abdominaux plus intense… Concentrez-vous et ne faites pas de gestes inutiles !

**Comment respirer ?** Soufflez par la bouche chaque fois que le coude touche le genou. N'allez pas trop vite pour ne pas perdre l'équilibre.

**Combien de fois ?** Faites le mouvement 10 fois de chaque côté.

### La croix sur le ballon (swiss ball)

**Comment faire ?** Couchez-vous sur le dos, sur un ballon type swiss ball, bras tendus latéralement. Les jambes sont fléchies et écartées de la largeur des hanches, les pieds bien étalés au sol. Très lentement, en faisant une rotation vers la droite, amenez la main gauche dans la main droite ou le plus près possible. Revenez à la position de départ et faites la même chose dans l'autre direction.

**Comment respirer ?** Soufflez par la bouche durant l'effort, tout en contractant bien le ventre.

**Combien de fois ?** Faites le mouvement 4 fois de chaque côté.

### Le V

**Comment faire ?** Tenez-vous assise, dos bien plat, bras en V au-dessus de la tête, jambes jointes et tendues.

Très lentement, inclinez-vous vers l'arrière et soulevez les deux jambes, toujours tendues, en gardant l'équilibre.

**Comment respirer ?** Soufflez par la bouche en montant les jambes et gardez la position le temps de 5 longues respirations.

**Combien de fois ?** Faites le mouvement 3 fois de suite.

**Si l'exercice est trop difficile…** Faites le même exercice les jambes fléchies à 90 degrés.

### Dos rond/dos plat

Asseyez-vous par terre, jambes fléchies et jointes, pieds bien à plat au sol. Le dos est parfaitement droit et les bras sont tendus au-dessus de la tête. Très lentement, relâchez le bas du dos comme si vous deviez toucher un mur situé 10 cm derrière vous, puis revenez à la position de départ en allongeant uniquement le bas du dos.

**Comment respirer ?** Soufflez par la bouche en revenant à la position de départ.

**Combien de fois ?** Faites 2 séries de 8 répétitions.

**Attention :** pas d'impulsion avec les bras ou le haut du corps.

# Profil 2 Je gagne une taille bien dessinée

## Votre objectif

Redessiner votre silhouette grâce à des exercices de renforcement ciblés ! Ce sont les grands obliques et les grands droits qui doivent être renforcés. Très près de la peau, ils induisent les mouvements amples, et plus ils sont toniques, plus on peut voir leur définition musculaire, particulièrement au niveau de la taille. Ce sont des muscles qui sont aussi travaillés pour être sculptés, dessinés, affinés avec un objectif plus esthétique !

### Au programme...

Pour dessiner cette zone musculaire, on va utiliser davantage des exercices exécutés en séries, avec des contractions musculaires alternant grandes et petites amplitudes au rythme d'une expiration par la bouche durant la contraction (et l'effort). Ces méthodes permettent d'optimiser la définition du muscle.

### Quelles sont les activités de fitness et de gym douce qui favorisent ce travail musculaire ?

Les parcours de musculation aux machines, les cours d'aqua-fitness avec accessoires, les cours d'abdos-fessiers, de gymnastique avec haltères ou de pump en salle (avec une barre d'haltérophilie, sur le même principe que le step, le port de la charge augmentant l'intensité de l'exercice).

**Et si vous préférez le grand air...** L'aviron, le cyclisme et tous les sports qui ciblent une région musculaire par des contractions répétées seront bénéfiques !

## 3 exercices à faire pour dessiner les grands obliques et le grand droit

### Le boxeur

**Comment faire ?** Tenez-vous debout, jambes tendues et écartées de la largeur des hanches, bras fléchis devant la poitrine, poings fermés.

En gardant bien le bassin de face, faites une rotation du côté droit vers la gauche et passez le coude droit au-dessus du gauche, puis revenez à la position de départ.

**Comment respirer ?** Soufflez par la bouche durant l'effort chaque fois que le coude passe au-dessus de l'autre.

**Si l'exercice est trop difficile...** Fléchissez la jambe en extension verticale et ramenez-la légèrement vers la poitrine.

**Combien de fois ?** Faites 2 séries de 15 de chaque côté.

## Le 90 degrés

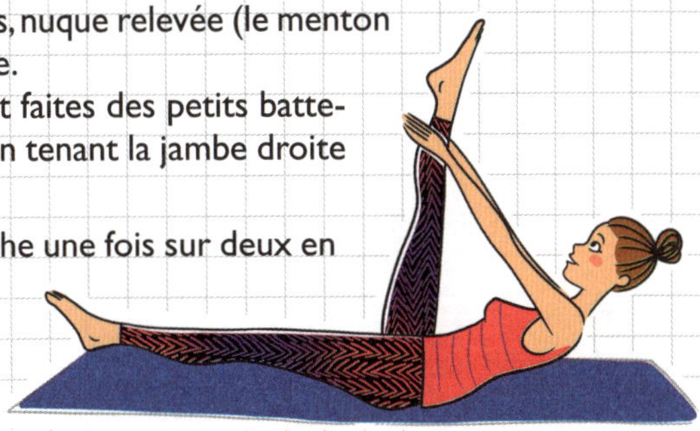

**Comment faire ?** Couchez-vous sur le dos, nuque relevée (le menton vers la poitrine), jambes tendues à la verticale.
Descendez la jambe gauche à 10 cm du sol et faites des petits battements en gardant le dos bien collé au sol et en tenant la jambe droite de vos deux mains.

**Comment respirer ?** Soufflez par la bouche une fois sur deux en faisant les battements.

**Combien de fois ?** Faites 2 séries de 12 battements de chaque côté.

## La rotation/élévation

Asseyez-vous, jambes jointes et fléchies, pieds au sol. Inclinez-vous vers l'arrière en contractant vos abdominaux et faites une rotation vers la droite en posant vos deux mains au sol, tout en levant la jambe gauche tendue à quelques centimètres du sol. Ensuite, faites une rotation vers la gauche et levez la jambe droite.

**Comment respirer ?** Soufflez par la bouche chaque fois que vous posez les mains au sol.

**Combien de fois ?** Faites les mouvements 5 fois de chaque côté.

### C'est quoi un abdo néfaste ?
### La réponse de Thierry Maquet, professeur d'EPS

Un exercice abdominal devient néfaste pour le dos ou le périnée s'il est mal exécuté, notamment :

- lorsque le corps est mal positionné et que le centre de gravité se déplace ;
- lorsque l'effort s'accompagne d'une impulsion inutile ;
- quand il est associé à une charge trop importante (musculation) ;
- lorsqu'il est exécuté avec une respiration inadéquate.

Il est généralement important de choisir des abdominaux qui correspondent à vos capacités à résister à l'effort musculaire au niveau de votre ceinture abdominale. Bref, inutile de souffrir le martyre !

# Profil 3 Je perds ma petite bedaine

## Votre objectif

De bas en haut, il s'agit de remuscler et de redessiner votre ventre !

### Au programme...

Vous allez travailler sur deux plans : la musculation du transverse, pour une ceinture abdominale plus forte et mieux gainée, et la tonification du grand droit, pour un beau ventre bien dessiné. Il est important que vous fassiez ces exercices tous les jours, plutôt le matin.

## 4 exercices pour des abdos bien gainés

**À savoir :** avoir les jambes sur une chaise vous oblige à ne travailler la remontée qu'à la force de vos abdominaux.

### Crunch pieds sur une chaise (haut du ventre)

**Comment faire ?** Couchez-vous au sol devant une chaise, mollets en appui sur le plateau de la chaise, jambes jointes et fléchies à 90 degrés. Les mains sont posées derrière la nuque, les coudes ouverts vers l'extérieur.
Lentement et sans donner d'impulsion avec vos bras ou votre menton, remontez le haut du corps vers vos genoux et redescendez tout aussi lentement.

**Comment respirer ?** Soufflez profondément par la bouche chaque fois que vous remontez.

**Combien de fois ?** Faites 3 séries de 15 répétitions.

### Assise sur une chaise (bas du ventre)

**Comment faire ?** Asseyez-vous sur une chaise, pieds au sol, dos droit et légèrement incliné vers l'arrière, mains placées de part et d'autre du plateau de la chaise.
Levez les genoux fléchis vers la poitrine, puis revenez à la position de départ sans reposer les pieds au sol et sans bouger le buste.

**Comment respirer ?** Soufflez par la bouche chaque fois que vos genoux s'élèvent.

**Combien de fois ?** Faites 3 séries de 10 répétitions.

### Le pointé au ciel (bas du ventre)

**Comment faire ?** Couchez-vous au sol, jambes jointes et tendues à la verticale. Placez vos mains sous les fesses. Dans cette position, soulevez les fesses en prenant bien appui sur vos mains.

**Comment respirer ?** Soufflez par la bouche chaque fois que vous décollez les fesses du sol.

**Combien de fois ?** Faites 2 séries de 10 répétitions.

### La salutation (haut du ventre)

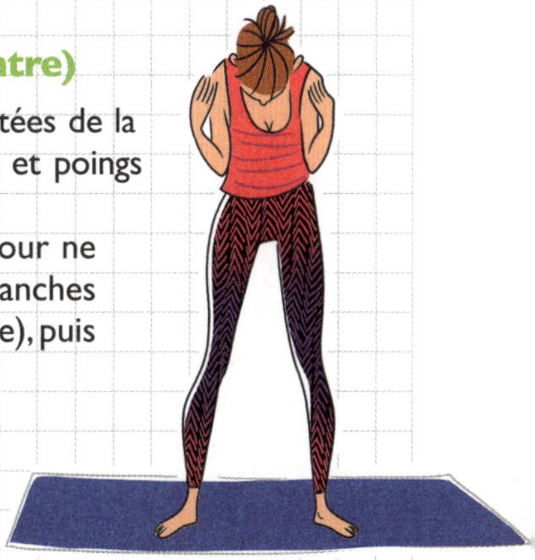

**Comment faire ?** Tenez-vous debout, jambes tendues et écartées de la largeur des hanches, bras fléchis, avant-bras collés sur vos côtés et poings fermés.

En ancrant bien vos pieds dans le sol et en serrant les fesses pour ne pas bouger votre bassin, amenez les coudes au niveau de vos hanches en vous inclinant vers l'avant (comme si vous pressiez votre ventre), puis revenez à la position de départ, le dos bien plat.

**Comment respirer ?** Soufflez par la bouche chaque fois que vous vous inclinez.

**Combien de fois ?** Faites 3 séries de 10 répétitions.

### C'est quoi le gainage ?

C'est la faculté d'avoir un corps parfaitement aligné en ayant des muscles profonds toniques. Un corps bien gainé donne beaucoup d'allure et de dynamisme, car il dégage une impression de force même au repos.

Le but est d'avoir le centre de gravité du corps parfaitement positionné avant de commencer votre exercice. Le gainage réclame une rétroversion du bassin : vous basculez le bassin en avant en contractant vos abdominaux et en serrant les fesses. Il s'agit aussi de ne pas solliciter inutilement le dos et de rester dans un équilibre stable. Pour un bon gainage, le dos doit rester plat et les épaules être abaissées. Si vous faites une planche par exemple, en montant sur la pointe des pieds sans bouger, votre corps doit être « gainé » pour pouvoir tenir la position sans que vous vous fassiez mal ou que vous soyez déséquilibrée.

## L'équilibre instable, c'est bon pour le ventre !

Lorsque votre corps se trouve dans une position instable, ce sont en grande partie vos abdominaux profonds (et particulièrement le muscle transverse) qui, en se contractant, rétablissent l'équilibre. C'est la raison pour laquelle nombre d'activités physiques en position instable (grâce à des accessoires qui induisent cette instabilité) sont en vogue aujourd'hui : gym sur *core board*, gym sur swiss ball, *paddle stand up*… Toutes ces activités sont vraiment très efficaces pour tonifier vos abdominaux. Essayez-les !

# Profil 4 Je gagne en muscle !

## Votre objectif

Affiner encore la définition de vos muscles abdominaux !

### Au programme...

Votre ventre est déjà bien plat, mais vous voulez que vos muscles se dessinent encore plus, à la façon des athlètes. Pour augmenter l'effort musculaire, l'utilisation d'accessoires (qui vont agir comme des contre-résistances) va intensifier le travail de vos abdominaux. Les grands favoris ? Le rubberband, une planche dans l'eau, et un partenaire ! Mais attention, pour avoir un beau ventre, il faut associer exercices cardio-vasculaires, exercices stabilisateurs et exercices en répétitions de séries.
Faites aussi attention à ne pas tomber dans une routine d'entraînement : il faut pratiquer tous les types d'exercices pour voir se dessiner non seulement un joli ventre, mais aussi un abdomen solide avec des muscles profonds gainés et protecteurs.

## 3 exercices pour augmenter votre masse musculaire

### Avec un rubberband (bas du corps)

**Comment faire ?** Couchez-vous sur le sol, jambes fléchies à la verticale, à 90 degrés, un rubberband passé sous vos pieds. Vous tenez l'élastique de vos deux mains. Très lentement, repoussez l'élastique avec vos pieds avant de le laisser revenir à sa longueur initiale en résistant.

**Comment respirer ?** Soufflez par la bouche en repoussant le rubberband.

**Combien de fois ?** Faites 3 séries de 8 répétitions.

### La planche

**Comment faire ?** Tenez-vous immergée dans l'eau jusqu'aux épaules, jambes mi-fléchies et écartées de la largeur des hanches. Entre vos mains à plat, une planche de natation affleure l'eau. En vous inclinant légèrement vers l'avant, repoussez la planche le plus bas possible dans l'eau, puis laissez-la remonter.

**Comment respirer ?** Soufflez chaque fois que la planche rentre dans l'eau.

**Combien de fois ?** Faites 2 séries de 12 répétitions.

### Le 100 % complet avec un partenaire

**Comment faire ?** Couchez-vous sur le sol, jambes jointes et tendues, nuque en appui sur les pieds de votre partenaire qui est placé debout, pieds joints derrière vous. Vos jambes sont levées à 90 degrés et vous tenez les chevilles de votre partenaire dans les mains. Dans cette position, votre partenaire, qui tient aussi vos chevilles, lance vos jambes vers l'avant alors que vous résistez.

Votre partenaire peut aussi lancer vos jambes vers la droite ou vers la gauche pour tonifier davantage vos petits obliques.

**Comment respirer ?** Soufflez par la bouche chaque fois que vos jambes redescendent.

**Combien de fois ?** Faites 2 séries de 10 répétitions et échangez votre place avec celle de votre partenaire.

## Les abdos dans l'eau : moins de poids, plus de muscles !

Aquafitness, aquafusion, aquazumba, aquabiking… lorsqu'il s'agit de se muscler, l'eau joue un rôle important et de nouvelles activités plus originales les unes que les autres débarquent pour vous donner envie de bouger.

### Avantages de l'activité physique dans l'eau

- L'eau est huit fois plus résistante que l'air. Du coup, les muscles doivent augmenter leur travail de contraction pour lutter (contre-résistance) et pouvoir initier le mouvement souhaité. Si, en plus, vous ajoutez des accessoires, comme des gants palmés, le travail est encore amplifié.
- L'eau permet de diminuer la charge du corps de moitié, un paramètre très intéressant lorsqu'on veut perdre du poids. Les activités cardio-vasculaires « consommatrices » d'énergie sont plus accessibles et permettent de brûler des calories sans ressentir de façon pénible l'effort accompli.
- L'eau a les bienfaits relaxants d'un massage grâce aux mouvements qu'elle exerce sur le corps. Cette qualité permet aussi de stimuler les systèmes circulatoire et lymphatique afin de détoxifier l'organisme.
- L'eau diminue la sensation de transpiration et de sudation, qui peuvent être assez désagréables.
- Dans les activités de fitness, il n'est pas nécessaire de savoir nager puisque les exercices se font avec des accessoires de flottaison, ou en immersion jusqu'aux épaules.

# Test : le ventre, parlons-en !

Reconnaître les muscles qui constituent la ceinture abdominale, prendre conscience des mouvements qui sollicitent le ventre durant l'effort, utiliser la respiration qui tonifie les muscles abdominaux : voilà des moyens très utiles pour créer des séances « sur mesure » qui correspondent bien à vos objectifs ! Ce petit test va vous aider à mieux connaître votre ventre !

### 1. Pour travailler la taille, quel type de mouvement faut-il faire ?

▲ Une flexion.
■ Une inclinaison.
● Une respiration.

### 2. Lorsque vous toussez, quels muscles principaux contractez-vous ?

▲ Les petits obliques.
■ Les grands droits.
● Le muscle transverse.

### 3. Une respiration forcée est...

▲ Comme un spasme.
■ Une respiration qui se déclenche la nuit.
● Une respiration volontaire et maîtrisée.

### 4. La fameuse « plaquette de chocolat » dépend de la définition musculaire...

▲ De toute la ceinture abdominale.
■ Des grands droits.
● Des muscles fessiers.

### 5. Le périnée...

▲ C'est un muscle abdominal.
■ C'est un organe typiquement féminin…
● Ce n'est pas un muscle.

### 6. Lorsqu'on fait des abdominaux...

▲ On souffle par la bouche durant l'effort.
■ On retient sa respiration durant l'effort.
● On inspire par le nez.

### 7. Combien d'exercices abdominaux existe-t-il ?

▲ 10 exercices abdominaux différents.
■ 5 exercices différents.
● Des dizaines d'exercices différents.

### 8. Un crunch, c'est...

▲ Un relevé de buste, en anglais.
■ Un plié, en anglais.
● C'est une marque de chocolat, non ?

**9. Dès la période de la ménopause, chez une femme, la graisse va se situer en priorité sur…**

▲ Son ventre.
■ Ses fesses.
● Tout son corps.

**10. Renforcer les abdominaux signifie…**

▲ Muscler les abdominaux les plus profonds.
■ Dessiner les muscles superficiels.
● Faire une électrostimulation.

**11. Le ventre est aussi appelé…**

▲ « Le centre des émotions ».
■ « Le second cerveau ».
● « Le bol alimentaire ».

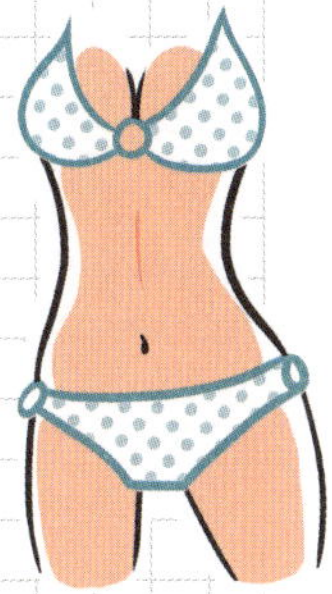

**12. Le ventre protège…**

▲ Le foie.
■ Les reins.
● Le sacrum.

**13. Un tour de taille trop important correspond…**

▲ Aux mesures de 100 cm et plus…
■ À la taille en hauteur (en cm) divisée par 2.
● À la taille 42 et plus.

**14. Avoir un bon équilibre dépend…**

▲ D'un dos et d'un ventre bien musclés.
■ D'une bonne concentration.
● D'une bonne vue.

Réponses :

1.▲ ; 2.● ; 3.● ; 4.■ ; 5.■ ; 6.▲ ; 7.● ; 8.▲ ; 9.▲ ; 10.▲ ;
11.■ ; 12.▲ ; 13.▲ ; 14.▲.

# 3e semaine

# Nutrition : je préserve mon ventre de ma gourmandise !

Il y a des plats dont on a du mal à se passer : l'occasion pour lesquelles on les cuisine, leur fumet et leurs saveurs irrésistibles nous font craquer… Puis on s'en veut d'avoir cédé si facilement à notre gourmandise ! Pourtant, se faire plaisir fait aussi partie du processus pour garder un poids idéal et un ventre plat, tout simplement parce que, de cette façon, la frustration n'est pas au menu ! Voici, rien que pour vous, des petites astuces pour vous régaler sans vous culpabiliser.

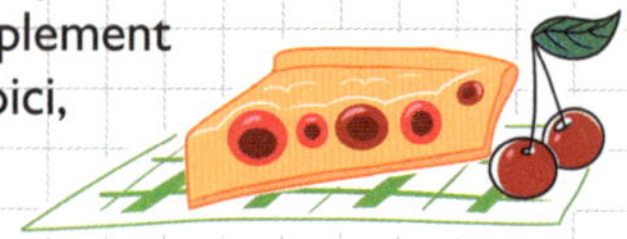

## Recettes classiques et savoureuses sans kilos sur le ventre !

Remplacer les ingrédients de base d'un plat par d'autres plus diététiques, ça vous change un plat mais aussi son addition calorique ! Une choucroute à base de poisson, des profiteroles à la glace au fromage blanc ou encore un couscous végétarien… Vous verrez, c'est évidemment différent au goût, mais tout aussi délicieux !

Pour les recettes où il est plus compliqué de subtiliser des ingrédients par d'autres, **vous conserverez les mêmes ingrédients de base tout en les choisissant allégés**.

Pour un chili con carne par exemple, privilégiez de la viande hachée à 5 % de MG plutôt qu'à 15 % de MG. Le goût n'en sera pas altéré, bien au contraire, et le nombre de calories de la recette sera divisé par deux.

**Mais pourquoi préférons-nous le goût du sucré et celui du salé aux autres familles de goût (amertume, acidité…) ?** Tout simplement parce que les papilles gustatives qui reconnaissent ces saveurs se trouvent en grand nombre sur la langue. On en profite à peine en bouche ! De plus, le sucre rassure, adoucit, console… Alors, dès que nous avons un petit coup de blues, c'est vers les aliments sucrés que nous nous dirigeons le plus souvent. Sauf que les aliments sucrés sont particulièrement caloriques : dans le cadre d'un régime, il va falloir faire attention à eux !

**Quant aux aliments salés,** ils favorisent la rétention d'eau dans le corps. Certains condiments peuvent parfaitement remplacer le sel tout en donnant de la saveur aux aliments que vous préparez : curcuma, poivre, paprika, sauge, persil, coriandre, basilic… Vous avez vraiment l'embarras du choix !

# Et si j'ai le bec trop sucré ?

Bien sûr, vous pouvez continuer à être gourmande, mais il vous faut diminuer l'addition en sucre car, s'il est stocké, celui-ci va se transformer en graisse. Donc bougez et régalez-vous… tout en évitant le sucre !

## Clafoutis aux cerises

### Ingrédients (pour 6 personnes)

- 100 g de farine
- 4 œufs
- 25 cl de lait
- 90 g de sucre
- 600 g de cerises

Une part de 100 g apporte 120 kcal.

### Préparation

Mettez dans un plat les œufs entiers et la farine, puis mélangez avec l'aide d'un mixeur ou d'un fouet.
Ajoutez une pincée de sel et le sucre. Incorporez 12,5 cl de lait en mélangeant. Lorsque la préparation est bien lisse, ajoutez le reste du lait et continuer à mélanger.
Mettez deux bonnes poignées de cerises non dénoyautées (cela donne du goût) dans le fond d'un plat avec quelques noisettes de beurre. Versez-y la préparation et faites cuire pendant 40 minutes à 200 °C (th. 7).

## Chantilly allégée maison

### Ingrédients (pour 4 personnes)

- 250 g de fromage blanc à 0 % de MG
- 2 blancs d'œuf
- 3 c. à s. d'aspartame
- 1 goutte d'extrait naturel de vanille

### Préparation

Battez 2 blancs d'œuf en neige très ferme et bien lisse.
Battez le fromage blanc avec 1 goutte d'extrait naturel de vanille et 3 c. à s. d'aspartame. Incorporez délicatement les blancs d'œuf.
Décorez vos desserts (fraises, crêpes…) de cette préparation à l'aide d'une poche à douille.

Une part de 100 g apporte 120 kcal.

# Mousse au chocolat allégée

## Ingrédients

- 200 g de chocolat noir
- 6 œufs

Une part de 100 g apporte 180 kcal.

## Préparation

Séparez les blancs des jaunes.
Faites fondre le chocolat au bain-marie, puis ajoutez-le aux jaunes d'œuf et mélangez.
Montez les blancs en neige et incorporez-les au mélange de jaunes d'œuf et de chocolat.
Versez dans des verrines et réservez au frigo pendant quelques heures.

# Tarte Tatin allégée

## Ingrédients (pour 6 personnes)

*Pour la pâte*

- 150 g de farine
- 50 g de Maïzena
- 70 g de beurre allégé
- 1 petite pincée de sel

*Pour la garniture*

- 2 kg de pommes (golden de préférence)
- 60 g de beurre allégé
- 100 g de stévia en poudre

Une part de tarte apporte 260 kcal.

## Préparation

Préparez la pâte : dans un saladier, mélangez la farine et la Maïzena. Ajoutez le sel et le beurre ramolli. Mélangez. Versez progressivement un demi-verre d'eau sans cesser de mélanger, puis malaxez à la main pour obtenir une pâte homogène.
Formez une boule avec la pâte et recouvrez-la de papier film. Laissez reposer 1 heure à température ambiante.
Préchauffez le four à 180 °C (th. 6).
Lavez les pommes, pelez-les et épépinez-les, puis coupez-les en quartiers ni trop fins ni trop épais. Beurrez un moule à manqué. Saupoudrez-le de stévia et déposez-y les pommes de façon régulière. Recouvrez-les de la pâte brisée et rabattez le bord entre les pommes et le moule. Enfournez pour 25 minutes. Démoulez aussitôt à l'envers, de façon que les pommes se retrouvent sur le dessus.

# Carpaccio d'orange allégé

## Ingrédients (pour 4 personnes)

- 6 grosses oranges bien sucrées
- 3 feuilles de menthe
- 1 c. à c. de miel
- Quelques grains de poivre du Sichuan (rouge)

Une part de carpaccio (1 orange) apporte 75 kcal.

## Préparation

Épluchez 4 oranges (en retirant bien les petites peaux blanches) et coupez-les en tranches très fines. Pressez les 2 autres oranges pour en recueillir le jus.
Placez les tranches d'orange sur un plat que vous réserverez au frigo.
Faites chauffer à feu doux le jus des oranges avec 1 c. à c. de miel.
Servez le carpaccio d'oranges bien froid recouvert de jus et agrémenté des feuilles de menthe et de quelques grains de poivre du Sichuan.

# Et si j'aime trop les aliments salés ?

C'est normal, le sel donne beaucoup de goût aux aliments. Qui plus est, si ces aliments sont gras la saveur est amplifiée ! Choisissez des viandes maigres que vous agrémenterez de condiments très riches en saveurs mais peu salés, ce qui va rehausser le goût de vos plats. Le sel n'est pas le bon moyen de rendre vos aliments encore plus savoureux, pensez plutôt aux condiments et aux épices… En plus de leur goût, leur parfum est un régal pour les narines avant même d'avoir goûté aux aliments !

## Sauté d'agneau aux olives allégé

### Ingrédients (pour 4 personnes)

- 1,5 kg d'épaule d'agneau désossée
- 1 dose de safran en filaments
- 1 boîte de tomates pelées
- 1 branche de romarin
- 2 oignons
- 2 carottes
- 6 olives noires
- 2 c. à s. d'huile
- sel, poivre

Une part de 200 g apporte 450 kcal.

### Préparation

Coupez la viande en cubes. Pelez et émincez les oignons. Épluchez les carottes et coupez-les en rondelles. Égouttez les tomates pelées en réservant le jus et concassez-les grossièrement. Effeuillez le romarin. Faites chauffer l'huile dans une grande sauteuse. Ajoutez les cubes de viande et les oignons. Faites-les revenir de tous les côtés. Quand ils sont bien colorés, ajoutez les tomates, les carottes, le romarin et le safran. Salez et poivrez, mélangez bien. Poursuivez la cuisson 5 minutes, versez le jus des tomates et ajoutez les olives. Baissez le feu, couvrez et poursuivez la cuisson 1 heure en ajoutant un peu d'eau en cours de cuisson si nécessaire. Versez le sauté d'agneau dans un plat, rectifiez l'assaisonnement et servez aussitôt avec du riz blanc.

## Chili con carne allégé

### Ingrédients (pour 4 personnes)

- 600 g de bœuf haché à 5 % de MG
- 500 g de haricots rouges
- 1 grosse boîte de tomates pelées au naturel
- ½ poivron rouge
- 3 oignons blancs
- 1 oignon rouge
- 2 gousses d'ail
- 50 cl de bouillon de bœuf
- 2 c. à s. d'huile d'olive
- 1 c. à c. de piment en poudre
- 1 grosse pincée de cumin
- 1 grosse pincée d'origan
- Quelques feuilles de coriandre
- Quelques gouttes de Tabasco
- Sel, poivre

Une part de 300 g apporte 240 kcal.

### Préparation

**La veille**

Faites tremper les haricots toute la nuit dans une grande casserole d'eau froide.

**Le jour même**

Pelez et émincez les oignons. Dégermez l'ail et hachez-le. Lavez et épépinez le demi-poivron, puis coupez-le en petits cubes.
Égouttez les haricots rouges et les tomates.
Faites chauffer l'huile d'olive dans une cocotte et mettez-y à revenir l'ail, le poivron et les oignons pendant quelques minutes. Ajoutez la viande et laissez cuire 5 minutes en mélangeant. Versez les haricots dans la cocotte et mélangez.
Saupoudrez avec les épices, mélangez de nouveau et laissez cuire 3 minutes, puis baissez le feu. Ajoutez le bouillon et les tomates pelées égouttées. Couvrez la cocotte et laissez mijoter pendant 3 heures, en mélangeant régulièrement. Au besoin, ajoutez de l'eau en cours de cuisson.

## Spaghettis à la bolognaise allégée

### Ingrédients (pour 4 personnes)

- 400 g de pâtes semi-complètes (type spaghettis)
- 250 g de bœuf maigre haché
- 5 tomates fraîches ou 25 cl de coulis de tomates
- 2 oignons
- 3 gousses d'ail émincées
- Herbes de Provence
- Huile d'olive
- Sel, poivre

### Préparation

Faites revenir les oignons dans une cocotte à fond antiadhésif avec un filet d'huile d'olive. Lorsqu'ils commencent à dorer, ajoutez la viande et laissez-la cuire 3 minutes.
Ajoutez les tomates pelées (ou le coulis), l'ail et les herbes de Provence.
Salez, poivrez et laissez mijoter 1 heure à feu doux.
Faites cuire les pâtes au dernier moment et mélangez-les avec la sauce.

Une part de 300 g apporte 426 kcal.

## Crevettes à l'asiatique

Une portion de 250 g apporte 300 kcal.

### Ingrédients (pour 4 personnes)

- 600 g de crevettes moyennes fraîches
- 20 g de gingembre frais coupé en fins bâtonnets
- 2 c. à s. d'huile d'olive
- 4 c. à s. de jus de citron vert
- 1 c. à s. de sauce soja
- De la coriandre fraîchement hachée
- Du poivre fraîchement moulu

### Préparation

Sous l'eau courante, rincez les crevettes et séchez-les sur un torchon de cuisine.
Mélangez dans un plat 2 c. à s. de jus de citron et l'huile d'olive. Ajoutez les fins bâtonnets de gingembre et la sauce soja.
Laissez mariner les crevettes pendant 2 heures dans ce mélange. Égouttez les crevettes et faites-les sauter dans une poêle, à feu vif, pendant 2 minutes.
Poivrez vos crevettes et ajoutez la marinade et le jus de citron restant. Portez à ébullition et laissez cuire pendant 30 secondes. Enfin, disposez les crevettes dans un plat agrémenté de coriandre fraîche.

### Les meilleures associations viande-condiments

**Le bœuf s'accommode très bien :**
- de coriandre, de citronnelle ou de sauce soja (façon asiatique) ;
- d'huile d'olive et de basilic pour une version plus méditerranéenne ;
- de persil, de câpres ou de moutarde pour une version plus française (tartare).

**Le veau se marie très bien avec :**
- le cerfeuil, la ciboulette, l'estragon et la sauge, la moutarde.

**L'agneau se sublime avec :**
- la moutarde, le thym, le romarin, l'ail et laurier ;
- les épices d'Afrique du Nord, comme le cumin, les graines de coriandre et la cannelle.

**Le porc s'associe merveilleusement avec :**
- une gousse d'ail en chemise, la moutarde et la sauge frite ;
- du thym et du laurier pour un goût plus méditerranéen.

**Les produits tripiers se relèvent avec :**
- de l'échalote, de l'oignon, de la moutarde, du curry et de la ciboulette.

## J'organise ma semaine en fonction de mes objectifs

C'est le moment de vous faire un programme complet composé d'exercices adaptés et d'une alimentation équilibrée. Pour que ce programme soit un succès, il faut que vous soyez motivée. Voici quelques pistes pour que cette séance devienne incontournable et efficace ! Définir un programme, ça se prépare : vos objectifs ne doivent pas être irréalistes par rapport à vos compétences. Si c'est le cas, vous allez rapidement abandonner, en répétant ce genre de phrase : « De toute façon, ça ne sert à rien ! » Bien sûr pourtant que cela sert à quelque chose, il n'y a qu'à regarder le corps des sportifs !

Réservez impérativement du temps pour la pratique de vos exercices et faites savoir à votre entourage que vous avez besoin de vous occuper de vous ! Notez vos progressions, récompensez-vous. Si vous n'y arrivez pas toute seule, organisez vos séances avec une amie qui a les mêmes objectifs et à peu près les mêmes compétences que les vôtres. Enfin, ne laissez pas la routine d'entraînement s'installer. Augmentez le nombre de séries, faites vos séances chez vous en musique ou à l'extérieur, ou challengez-vous entre collègues…

## Mes objectifs : je mincis, j'affine mes hanches et ma taille, et je muscle le bas de mon ventre

Pendant cette 3e semaine, adoptez tous les jours une alimentation anticellulite.

+ Buvez 2 ou 3 tasses de tisane drainante chaque jour.
+ Tous les matins, avant votre douche, faites ces 3 exercices durant 30 minutes : la montée sur escalier, le pont et le pas du patineur (voir p. 6 et13).
+ 3 fois par semaine après votre douche, faites un palper-rouler sur les cuisses et les hanches avec une crème raffermissante ou minceur.

+ Pratiquez chaque jour une séance de 30 à 45 minutes de vélo elliptique, de step, de marche active ou d'aquafitness.
+ Pour affiner encore davantage vos hanches et votre taille, réalisez tous les jours, en complément des 3 exercices ci-dessus, 3 exercices supplémentaires qui ciblent plus particulièrement la musculature des hanches et de la taille : l'ouverture latérale, le ballon derrière le dos et le boxeur (voir p. 15, 32 et 60).
+ Après cette séance d'exercices de renforcement, massez énergiquement vos hanches.
+ Musclez le bas de votre ventre en faisant, tous les soirs, les exercices « 90 degrés » et « Assise sur une chaise » (voir p. 61-62).

## Mes objectifs : je veux diminuer mes apports en graisses et en sucres, remuscler mes fesses et avoir moins d'estomac

Pendant toute la semaine, concoctez-vous uniquement des recettes allégées.

+ Laissez les gourmandises sucrées et salées au placard.
+ Adoptez les 8 aliments antistockage (pommes, poissons gras, ananas, germes de blé…).

+ Tous les jours, le matin avant la douche, remusclez vos fesses avec les exercices suivants : l'ouverture latérale, le batman sur un ballon, le plié avec un haltère de 2 kg dans les mains et le couché ventral (voir p. 32 et 34).
+ 2 fois par semaine, pendant 45 minutes, pratiquez un cours d'abdos-fessiers en salle, une séance de natation avec minipalmes, une séance elliptique ou encore une séance de Pilates.
+ Tous les jours, tonifiez votre estomac en effectuant la salutation, le boxeur et la rotation/élévation (voir p. 60, 61 et 63).

## Mes objectifs : je veux éliminer la rétention d'eau dans mes tissus, avoir une belle chute de reins et des abdos profonds plus toniques

Toute la semaine, faites une cure de tisanes drainantes, avec au moins 2 tisanes par jour, et suivez la diète anticellulite.

+ Pour avoir une belle chute de reins et des fesses hautes, faites tous les matins, durant 30 minutes, les 5 exercices suivants : dos rond/dos plat, le couché ventral, le batman sur un ballon, la salutation et le chat (voir p. 32, 35, 36, 59 et 63).
+ 2 fois par semaine, durant 30 minutes, effectuez également une séance de stretching, de yoga, de Pilates ou de vélo elliptique.
+ Pour avoir des abdos profonds plus toniques, pratiquez tous les jours le V, le rubberband et l'exercice 100 % complet avec un partenaire (voir p. 59, 64 et 65).
+ Finissez par un massage avec effleurements sur le ventre, toujours dans le sens des aiguilles d'une montre.

## Mes objectifs : je veux augmenter ma masse musculaire, me sculpter des cuisses et des fesses en béton, et avoir une taille de guêpe

Pendant toute la semaine, consommez en priorité les aliments les plus riches en protéines (voir p. 46 et 49).

+ Tous les jours, faites les exercices suivants : le squat, le pas du patineur, le pont, la fente avant, le 3D et le coup de pied avec élastique (voir p. 6, 13, 34, 36 et 37).
+ 2 fois par semaine durant 45 minutes effectuez une séance d'elliptique, de roller en ligne, de natation avec des minipalmes ou de marche rapide.

# 4e semaine

# Activités physiques : j'organise mes séances d'abdos-fessiers

Cette semaine, on ne regarde plus ses petits défauts. Vous allez chouchouter tour à tour les muscles superficiels en les sculptant, les muscles profonds en les gainant, les muscles qui nécessitent un étirement en les assouplissant… Pendant une séance, vous allez aussi faire fonctionner à plein rendement votre système cardio-vasculaire pour éliminer les toxines, brûler les graisses et tonifier l'ensemble de vos muscles. Cependant, pour un entraînement le plus complet possible, vous ajouterez un ou deux exercices de renforcement musculaire, par exemple après les exercices qui consistent à « sculpter » le corps pour que vos efforts soient encore plus ciblés. Surtout, pensez à varier les mouvements : vos muscles adorent être sollicités de façon différente ! Certaines séances sont longues, d'autres plus courtes. Programmez-les en fonction du temps qui vous est disponible.

## Je sculpte mon corps

### Sculpter, qu'est-ce que cela signifie ?

Lorsqu'on a déjà une belle définition musculaire, on veut encore l'améliorer ! Dans ce cas, il est important de choisir des exercices qui dessinent les muscles superficiels, ceux qui sont comme la voile du bateau. Il faut surtout miser sur les exercices de renforcement musculaire en séries. Pour qu'ils soient encore plus efficaces, augmentez le nombre de séries et/ou utilisez des accessoires (haltères, lests, rubberbands) pour intensifier votre effort musculaire.

Vous pouvez faire une séance complète de 30 minutes en choisissant 15 exercices dans les deux listes ci-dessous (fesses et abdos), à faire les uns après les autres pour une séance longue. Ou bien, vous pouvez en faire seulement 2 le matin OU 2 le soir, ou encore au bureau en une séance express (voir pages suivantes). Surtout, prenez le temps de bien vous placer afin que vos exercices soient vraiment efficaces.

## Le top des exercices pour les fesses

1. Le pas du patineur (p. 13)
2. L'ouverture latérale (p. 32)
3. Le squat (p. 36)
4. Le pont sur swiss ball (p. 34)
5. Le plié avec haltère (p. 34)
6. Le couché ventral (p. 36)
7. Le 3D (p. 37)
8. Le batman sur un ballon (p. 32)
9. Le coup de pied avec élastique (p. 37)
10. La montée sur escalier (p. 6)

## Le top des exercices pour les abdos

1. Le ballon derrière le dos (p. 15)
2. Assise sur une chaise (p. 62)
3. Le boxeur (p. 60)
4. Le 90 degrés (p. 61)
5. Le crunch pieds sur une chaise (p. 62)
6. Le V (p. 59)
7. La salutation (p. 63)
8. La croix sur ballon (p. 59)

Sélectionnez 15 exercices dans ces deux listes (fesses et abdos), **pour une séance de 30 minutes.** Si vous n'avez pas le temps, optez pour une séance de 10 minutes d'abdos-fessiers express, comme proposé ci-après.

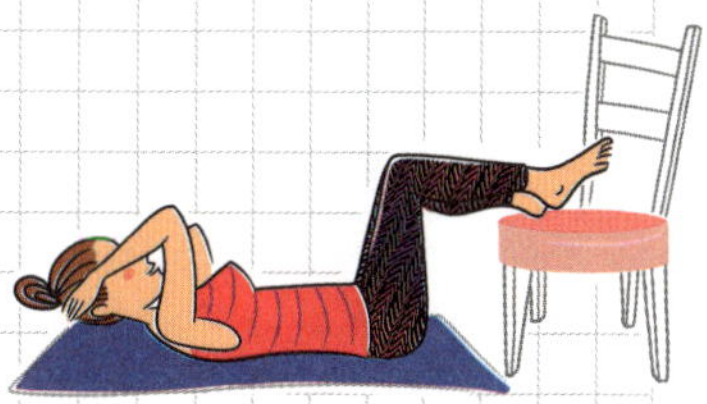

## Exemple de séances d'abdos-fessiers express (environ 10 minutes)

Pratiquez les exercices suivants pendant 10 minutes, soit 2 minutes par exercice :

Le pas du patineur
+ le plié avec haltères
+ le couché ventral
+ le ballon derrière le dos
+ le 90 degrés.

ou

L'ouverture latérale
+ le pont sur le swiss ball
+ la montée (sur escalier ou sur une chaise basse)
+ la croix sur le ballon
+ les pieds sur une chaise.

N'oubliez pas de terminer la séance par un exercice d'étirement (voir pages suivantes).

# Je brûle mes graisses !

## Brûler, qu'est-ce que cela signifie ?

Brûler, c'est consommer des calories pour en tirer de l'énergie, nécessaire aux mouvements. Cette énergie (sous forme de calories) nous vient des sucres et ensuite des graisses qui sont stockées dans les adipocytes. Bouger à un rythme modéré ou intense est la meilleure façon de se débarrasser de la graisse superflue !

Voici le top des activités et des exercices cardio-vasculaires permettant d'acquérir un ventre plat et de jolies fesses, plus toniques. Avec ce type d'activités modérées ou intenses, il faut compter au moins 10 minutes avant que toute la machine énergétique du corps ne se mette en route pour consommer glucides, puis lipides. Il est donc important de faire ces activités sur une durée d'au moins 30 minutes, au mieux 45 minutes, pour s'attaquer aux lipides !

## Le top des activités cardio-vasculaires associées au renforcement musculaire

Voici votre programme qui se résume à une activité cardio-vasculaire associée à un exercice de renforcement musculaire pour les abdos-fessiers, à faire entre 40 et 60 minutes.

Le roller en ligne + le V

1 séance de natation avec minipalmes
+ la croix sur le ballon (voir p. 59)

1 séance de parcours crossfit (fait de 5 ateliers : endurance, force, rapidité, agilité, équilibre)
+ l'exercice du bas du dos (voir p. 32)

Le vélo elliptique
+ le 100 % complet avec un partenaire (voir p. 65)

Des sauts à la corde
+ le batman sur un ballon (voir p. 32)

1 cours d'aquafitness
+ le couché ventral (voir p. 36)

I cours de step
+ la salutation (voir p. 63)

I cours de boxe thaï
+ le ballon derrière le dos (voir p. 15)

I jogging + le squat (voir p. 36)

I marche nordique
+ le pont sur swiss ball (voir p. 34)

I cours de yoga dynamique (power yoga, asthanga yoga)
+ la montée sur escalier (voir p. 6)

I cours de zumba
+ le genou/coude (voir p. 58)

I séance de modern jazz, de salsa ou de country
+ le crunch sur une chaise (voir p. 62)

I marche active + le chat (voir p. 35)

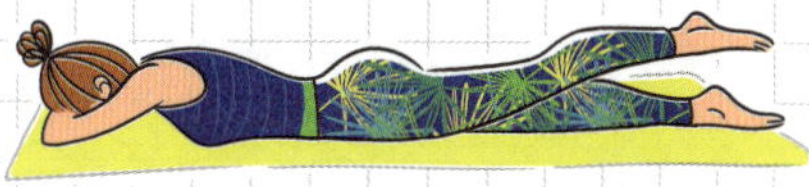

Il est très important que vous choisissiez une activité qui corresponde bien à votre tempérament. Le tempérament, c'est votre rythme, votre énergie naturelle, le mouvement que vous aimez faire naturellement.

- **Vous êtes une sensitive** si vous aimez ressentir, contempler ce qui vous entoure, prendre votre temps. Orientez-vous vers la marche nordique, le yoga dynamique, la marche dynamique.
- **Vous êtes une expressive** si vous aimez vous exprimer, être stimulée, créer… Orientez-vous vers un cours de boxe thaï, de danse, de capoiera (sport de combat brésilien)…
- **Vous êtes une participative** si vous aimez les sorties entre amis, faire la fête, vous amuser, vous évader… Orientez-vous vers des cours de salsa, de zumba ou de country, les randonnées en groupe…
- **Vous êtes une perfective** si vous êtes une esthète, avez le sens du détail, êtes organisée et compétitive… Orientez-vous vers la natation avec minipalmes, une séance de crossfit, un cours de yoga dynamique.

Enfin, n'oubliez pas votre exercice d'étirement (voir pages suivantes).

# Je gaine mon ventre et mon dos !

## Gainer, qu'est-ce que cela signifie ?

**Bon à savoir :** plus vous ferez attention à votre posture au quotidien (quand vous êtes assise ou debout, en marchant…), plus vos muscles stabilisateurs seront toniques et votre allure sera dynamique.

Gainer, c'est placer son corps dans un parfait alignement afin que les muscles profonds, ceux qui sont au plus près de la colonne vertébrale (appelés les muscles « stabilisateurs »), soient maintenus et toniques dans le but de protéger les viscères et la colonne vertébrale. Ces muscles donnent aussi une belle allure, facilitent les mouvements, préservent les articulations des chutes, des traumatismes. Plus vous les travaillerez et plus vous gagnerez en tonicité. Un atout car, avec une telle tonicité, vous consommez aussi beaucoup de calories sans même faire d'activité physique.

Ce sont les activités et les exercices où la position est tenue pendant quelques secondes sur une respiration profonde, et/ou en équilibre instable, qui tonifient le plus les muscles stabilisateurs des fesses et du ventre. Il est très important de les pratiquer régulièrement. Grâce à la respiration profonde qui les accompagne, ces activités sont aussi très relaxantes ! Mais, attention : ils ne suffisent pas, car ils ne sollicitent pas suffisamment le système cardio-vasculaire. Vous avez besoin aussi de faire travailler votre cœur et vos poumons, et de fouetter votre circulation sanguine et lymphatique !

Pour votre programme d'abdos-fessier, vous choisissez ci-dessous l'activité physique qui favorise le gainage et qui vous plaît le mieux !

## Le top des activités de renforcement musculaire associées aux bonnes attitudes gainantes au quotidien

Voici votre programme, qui se résume à une activité de renforcement musculaire associée à une attitude de renforcement musculaire pour les abdos-fessiers, à faire durant 40 minutes deux fois par semaine.

1 cours de Pilates
+ quelques montées sur la pointe des pieds (dans une file d'attente par exemple).

1 cours yoga
+ le gainage de tout le corps couchée sur votre lit : vous contractez tous vos muscles pendant quelques secondes, puis vous relâchez.

1 cours de gymnastique sur swiss ball
+ l'utilisation du swiss ball pour téléphoner ou travailler à votre bureau.

1 séance de barre au sol
+ stature droite quand vous conduisez (voir la bonne position assise, p. 33)

1 exercice de *core board* (une posture sur un demi-ballon en plastique sur lequel repose une planche)
+ garder l'équilibre sans appui dans le métro.

1 exercice de *standle paddle* (debout sur une planche dans l'eau calme, vous pagayez en gardant l'équilibre)
+ une marche de 10 minutes dans le sable fin.

1 exercice de gyrotonic (on conserve une position en tenant des élastiques tendus ancrés dans un mur)
+ se suspendre à un espalier, le corps gainé.

1 cours de tai-chi ou autre gym douce
+ rester quelques secondes debout en appui sur une seule jambe.

Enfin, n'oubliez pas votre exercice d'étirement (voir pages suivantes).

# J'assouplis le bas de mon dos !

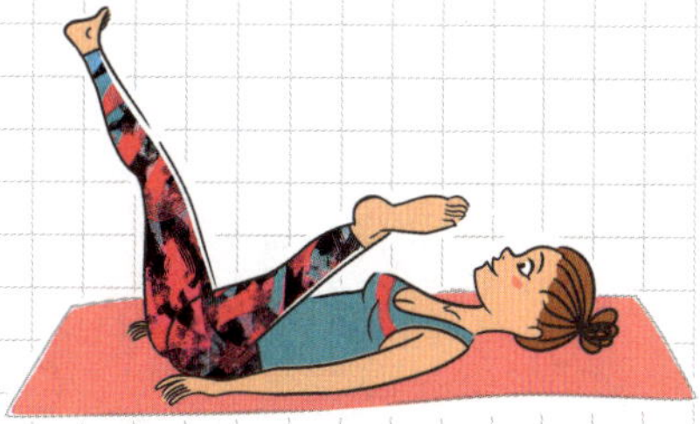

## Assouplir, qu'est-ce que cela signifie ?

Assouplir, c'est tonifier les muscles en les étirant plutôt qu'en les contractant. Certains muscles en effet, comme ceux de l'arrière des jambes ou du bas du dos, doivent être étirés afin que leurs antagonistes, les muscles des cuisses et ceux des abdominaux, soient stimulés en contraction de façon harmonieuse pour que vos mouvements restent fluides et souples, et que votre corps soit dans un bon alignement. Il est donc important de faire des exercices qui étirent ces muscles spécifiques. Regardez les culturistes qui ne font que des exercices de renforcement musculaire sans passer par la case « assouplissement » ou « exercices cardio-vasculaires » : leurs muscles sont certes très dessinés, mais leur corps est peu mobile et surtout mal équilibré. Une bonne raison pour ne jamais oublier vos exercices d'étirement !

### Le top des activités d'assouplissement

Ces exercices sont à pratiquer durant 10 minutes tous les jours.

- Le chat (voir p. 35)
- Le dos rond/dos plat (voir p. 59)
- Le papillon (voir p. 11)
- La salutation (voir p. 63)

### Si vous avez des contractures

Vous pensez peut-être que les contractures sont dues à une accumulation d'acide lactique dans les muscles ? Eh bien non ! il s'agit en fait de minitraumatismes des fibres musculaires peu habituées à l'effort musculaire, qui s'altèrent avant de se réparer.

En cas de contractures plus ou moins douloureuses :
– Ne vous inquiétez pas, l'inconfort ne dure que 48 heures ;
– Un bain chaud peut être très salvateur pour vous apaiser ;
– Un massage doux par effleurements pourra aussi vous faire du bien ;
– Sachez que les activités physiques dans l'eau diminuent leur intensité ;
– Mettez-vous au repos physique pendant 1 ou 2 jours.

De façon générale, couvrez-vous bien avant de commencer une activité physique afin de ne pas travailler sur des articulations et des muscles froids. Étirez-vous avant et après votre exercice physique.

# 4e semaine

# Nutrition : je nourris mes muscles, pas ma bedaine !

## Je préserve mes acquis avec une bonne alimentation !

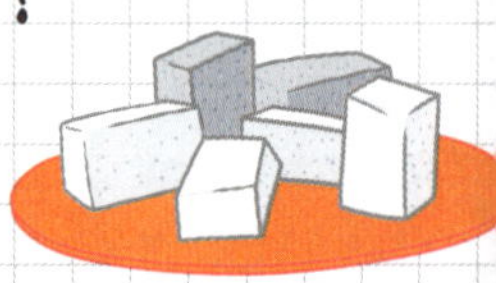

Il serait dommage de pratiquer intensément des exercices d'abdos-fessiers alors que vous n'avez pas une alimentation assez équilibrée ! Une petite couche de graisse viendrait alors recouvrir votre belle musculature abdominale ainsi que vos fesses, et vous seriez à la fois déçue et démotivée ! Il n'est pas si difficile d'avoir une alimentation équilibrée, mais il n'est pas question non plus de vivre sur un mode restrictif, qui mène tout droit à la frustration et aux envies irrépressibles d'aliments sucrés, salés ou trop gras !

Voici 10 conseils pour vous éviter de craquer. Grâce à toutes ces astuces, vous allez très vite changer vos petites habitudes alimentaires.

1 Évitez de manger des plats tout prêts sous prétexte que vous n'avez pas le temps de cuisiner. La plupart du temps, ils sont trop salés, trop sucrés ou trop gras (voire les trois à la fois !). Mettez vraiment un bémol sur la pizza quatre-fromage, les pâtes à la carbonara ou la quiche lorraine, par exemple, qui sont des mines à calories !

2 Il n'y a rien à quoi on cède plus vite qu'un grignotage, car on a alors un alibi : la faim ! C'est une bonne raison pour réfléchir un instant avant d'engloutir un paquet de biscuits secs, un beau morceau de cake ou un paquet de chips, qui ne vous rassasieront que pour un temps très court mais ajouteront des centaines de calories à votre ration quotidienne ! Il vous faut consommer des aliments énergisants et satiétogènes (coupe-faim), c'est-à-dire des aliments riches en oligoéléments et en vitamines, mais aussi en fibres : quelques amandes, un fruit frais (et non un jus dépourvu de fibres), une tartine de pain complet…

3 Si vous avez tendance à être très attirée par les gourmandises, faites vos courses en ligne sur Internet. Vous serez beaucoup moins tentée par les achats compulsifs !

❹ Si vous avez des enfants, réservez un placard uniquement pour eux en vous interdisant de vous y servir. Dites-vous qu'il ne contient que des aliments « pour les petites personnes en cours de croissance »… et vous ne faites plus partie de ce club !

❺ Ne vous félicitez pas d'avoir effectué un exercice conséquent en avalant une pâtisserie que vous penserez « bien méritée ». Le calcul n'est vraiment pas intéressant : une demi-heure de jogging va vous faire perdre environ 400 kcal. Un palmier, un paris-brest ou un morceau de cake aux fruits peut vous « charger » d'à peu près le même nombre de calories en moins de 3 minutes, en annihilant toute la phase « dépense d'énergie par l'effort ». Ce serait quand même dommage, non ?

❻ Attention à certains de vos amis ou collègues qui peuvent saboter, sans le vouloir, vos efforts en vous proposant de goûter à tel plat : « Allez, juste un petit bout, c'est pas tous les jours… » Sachez leur dire : « Non, merci ! » Dans le cas contraire, vous leur en voudrez !

❼ Commencez votre programme alimentaire et vos activités physiques avec une amie que vous admirez pour sa ligne et sa motivation : c'est très motivant ! Elle va vous donner l'impulsion pour vous y mettre vraiment.

❽ Tenez un petit carnet dans lequel vous répertoriez votre ressenti, vos progressions, vos changements de routine.

❾ Méfiez-vous des brunchs et autres cocktails dînatoires. Les propositions de plats foisonnent, et on a envie de tout essayer ! Comme les portions sont petites, on a l'impression de manger peu, mais détrompez-vous ! vous allez manger plus et très sûrement consommer trop de vin, dans une ambiance très… conviviale !

❿ N'abusez pas des légumes cuisinés au gratin, à la béchamel, avec de la mozzarella… ce sont des légumes, mais la sauce qui les accompagne est ultra-grasse ! Un gratin d'aubergines fait avec du parmesan et parfois de la mozzarella reste très calorique.

# Je mange bien avant l'effort

Bien manger avant l'effort va vous permettre de réaliser votre effort physique plus facilement et sans fatigue, mais cela n'améliorera pas vraiment vos compétences physiques. Il est important de le savoir ! Une alimentation inappropriée peut, en revanche, induire une perte au niveau de la performance. Si votre ration et vos choix alimentaires sont en adéquation avec vos efforts, vous pourrez les maintenir sans avoir de baisse d'énergie ni ressentir de fatigue insurmontable. L'alimentation est un facteur secondaire important permettant de potentialiser les qualités acquises.

## Que faut-il manger avant de faire du sport ?

Cela dépend du type d'activité pratiqué, mais le principe est assez simple : il s'agit d'avoir assez d'énergie à brûler pour réaliser l'effort que vous voulez faire. Et pour tous les efforts, le carburant, c'est le sucre, ou plutôt les glucides, et surtout les sucres lents, qui ont un index glycémique faible. On trouve ces glucides dans le riz ou les pâtes, par exemple. Ce qu'il faut, c'est en consommer avant l'effort pour que le corps puisse constituer des réserves à brûler. Le premier objectif est d'éviter l'inconfort digestif, autrement dit le fait d'avoir mal au ventre durant l'effort…

### Si vous avez une activité physique importante :

- Au moment du repas de la veille, privilégiez les sucres lents, c'est-à-dire les ingrédients à faible indice glycémique, comme les pâtes ou le riz. Attention : certains ingrédients, comme la viande ou les sauces « grasses », prolongent la vidange gastrique, ce qui provoque des remontées acides très inconfortables, parfois même douloureuses.
- Le jour même, faites un bon petit déjeuner.
- Ne mangez pas à moins de 2 heures de votre activité.
- Évitez l'apport de sucres avant l'effort. C'est une fausse bonne idée, car l'organisme va chercher à stocker les sucres plutôt qu'à les « libérer » immédiatement pour l'effort.

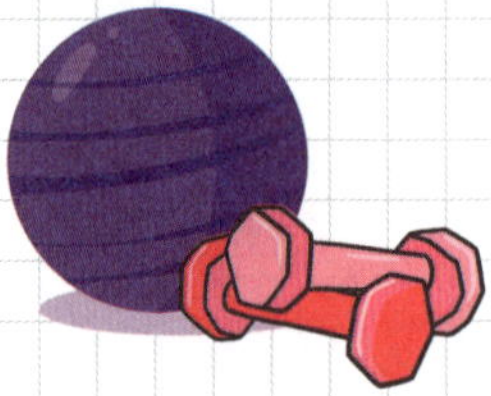

- Buvez ! L'hydratation est fondamentale pour maintenir un effort dans la durée. La première heure, boire de l'eau est essentiel. Au-delà de 60 minutes, une boisson sucrée sera bienvenue. Il est conseillé de boire environ 15 centilitres toutes les 20 minutes pour un effort de longue durée afin d'éviter d'avoir à ingérer trop à la fois et de risquer un inconfort digestif. Cette quantité permet d'amener assez de liquide à l'organisme pour fonctionner de façon optimale.

## Que faut-il manger après l'effort ?

- Les stocks brûlés durant l'activité pratiquée se reconstituent le mieux dans les 2 heures qui suivent l'effort. C'est à ce moment-là qu'il faut favoriser au maximum l'apport énergétique.
- Consommez des boissons légèrement sucrées ou un fruit juteux (mandarine, orange…) + des protéines (jambon blanc, fromage blanc, blanc de poulet). Attention, pas trop de sucre ni de graisse, il n'est pas question de se charger en calories !
- Évitez les aliments lourds, souvent difficiles à digérer juste après un effort (viennoiseries par exemple…).
- Quelques heures après votre effort, refaites un repas complet équilibré (voir plus haut).

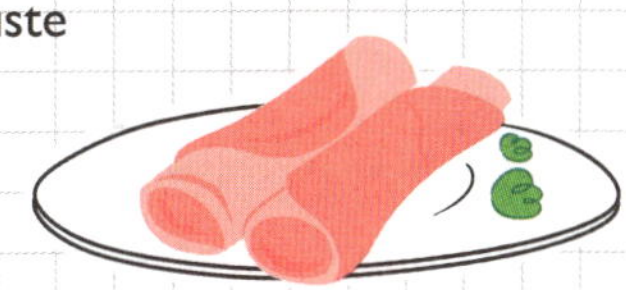

**Non aux sodas !**
Tous les sodas sont vraiment trop sucrés : ce sont de véritables mines de sucres rapides, très caloriques, qui n'apportent pas de vitamines ou d'oligoéléments vitalisants. De plus, les boissons gazeuses sont généralement riches en sel, et favorisent la rétention d'eau. Après un effort intense, préférez boire un thé tiède pour vous réhydrater.

# Et si je suivais les conseils des athlètes ?

Nathalie Hutter, nutritionniste, nous donne les conseils qu'elle prodigue aux sportifs lors de la préparation et de la récupération de leurs épreuves.

## Pendant l'effort, il ne faut pas boire pour éviter d'avoir les jambes « coupées ».

**FAUX.** Au contraire, la déshydratation rend l'activité difficile et peut être ainsi à l'origine d'une mauvaise performance. En effet, l'effort entraîne une augmentation de la perte en eau, notamment à travers la sueur. Il est primordial de s'hydrater tout au long de l'effort, particulièrement lorsque l'activité dépasse 1 heure. En outre, l'eau permet de drainer les déchets accumulés dans l'organisme pendant l'effort, réduisant ainsi les crampes, la fatigue musculaire et les blessures.

## Le matin est le meilleur moment de la journée pour faire du sport.

**VRAI**. C'est au moment du réveil que la production des hormones, le cortisol et la dopamine, est à son maximum. Le cortisol correspond à l'hormone du stress, elle favorise la dégradation des sucres et des graisses pour fournir de l'énergie. La dopamine, quant à elle, est l'hormone de la vigilance et de la concentration. Elle permet d'accroître les performances.

## Il n'est pas utile de prendre un repas trop copieux avant le sport.

**VRAI**. Un repas copieux risque de peser sur l'estomac pendant l'effort. Avant un exercice physique, il est important d'économiser son énergie en mettant son système digestif au repos. Prenez un repas complet 3 heures avant l'exercice avec des aliments à index glycémique bas (légumineuses, céréales complètes, fruits et légumes), qui vous apporteront progressivement de l'énergie et vous permettront d'éviter les fringales.

## Il faut manger un plat de pâtes avant une compétition.

**VRAI**. Il est recommandé d'avoir une alimentation très riche en glucides 3 jours avant une compétition, et particulièrement la veille, afin de bien recharger les réserves en glycogène des muscles.

Les pâtes sont généralement très prisées, mais il est intéressant de varier en les remplaçant parfois par du riz, qui a un index glycémique tout aussi intéressant et permet d'apporter d'autres vitamines et minéraux.

## Il faut préférer la viande blanche à la viande rouge.

**VRAI et FAUX**. Ces viandes présentent le même taux de protéines. La viande blanche a l'avantage d'être moins grasse que la viande rouge, bien que cela varie d'un morceau à l'autre. Un filet ou un rumsteak de bœuf, par exemple, seront moins gras qu'une côte ou une épaule rôtie de veau. D'autre part, les viandes rouges sont des viandes dites « persillées », c'est-à-dire qu'elles contiennent du gras intramusculaire, contrairement aux viandes blanches : sur celles-ci, il est plus facile de retirer la graisse (peau du poulet, gras de jambon…).

## En mangeant un steak de 100 g, je consomme 100 g de protéines.

**FAUX**. Un steak haché (cuit) de 100 g à 15 % de matières grasses contient 23,6 g de protéines, mais également 15 g de lipides. Et ce sont eux qui donnent à la viande son goût savoureux.

## Les boissons énergisantes sont conseillées lors d'une activité physique.

**FAUX**. La caféine, contenue dans le café, ou encore la taurine, contenue dans les boissons énergisantes, peuvent stimuler la vigilance mais n'ont aucun intérêt nutritionnel pour la performance. Ces boissons riches en sucres simples risquent de provoquer une hypoglycémie avant l'effort. Si elles sont consommées en excès, elles ont des effets secondaires néfastes sur le rythme cardiaque. L'Agence nationale de sécurité sanitaire de l'alimentation (ANSES) recommande d'éviter les boissons énergisantes en faisant du sport. Celles-ci ne doivent pas être confondues avec les boissons énergétiques qui, selon leur composition, peuvent parfois répondre à certains besoins des sportifs avant, pendant ou après l'effort.

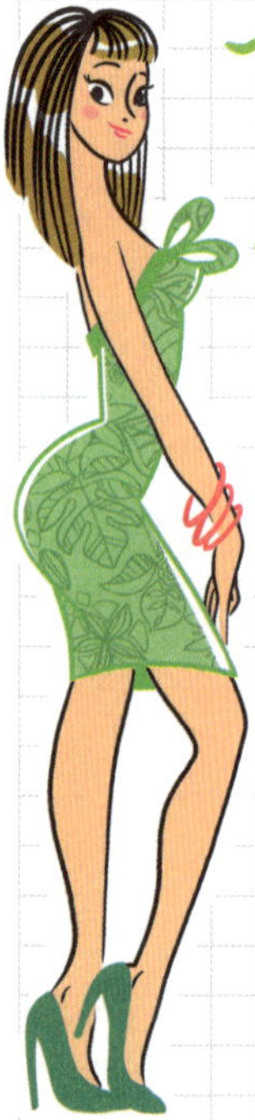

# Mon bilan abdos-fessiers : je me prends en main… durablement

Quatre semaines se sont écoulées et, si vous vous avez suivi mes conseils, avez pratiqué les exercices qui répondent à vos objectifs et pris le pli d'une alimentation équilibrée, il n'y a pas de doute : votre corps commencent à se redessiner, vos fesses ont retrouvé une belle tonicité et vous rentrez sans problème dans votre pantalon préféré, celui qui vous va de nouveau comme un gant ! De plus, vous avez sûrement redécouvert le plaisir d'avoir une activité physique. Vous l'avez expérimenté : cela peut être très amusant et gratifiant ! Je vous ai accompagnée pendant 4 semaines, mais maintenant, c'est à vous de jouer et de devenir votre propre coach. J'ai cependant encore quelques petites astuces à vous donner pour que vous puissiez progresser, augmenter vos compétences et surtout continuer votre programme d'abdos-fessiers sur la durée…

## Première astuce : ayez des objectifs proportionnels à vos compétences !

- Inutile de vouloir perdre 8 kg en 1 mois, c'est un pari bien trop irréaliste à tenir !
- Il sera tout aussi irréaliste de vouloir vous façonner le fessier d'une jeune mannequin de 20 ans si vous en avez le double ! Acceptez aussi que votre ventre puisse ne pas être celui que vous aviez avant vos grossesses en à peine quelques semaines.
- Cessez de vous entêter à courir pour perdre du poids si vous n'arrivez pas à résister à un paquet de chips quotidien. Commencez par ne plus céder au grignotage !
- Ne cherchez pas à ressembler à votre meilleure amie qui n'a pas du tout la même morphologie que la vôtre !
- Ne cédez plus aux exigences de votre environnement social (être une superwoman, avoir le poids idéal toute votre vie, ne jamais avoir l'air fatiguée, être toujours performante…), restez vous-même !
- Vous n'avez pas forcément un esprit très compétitif, et c'est tant mieux ! Vous avez surtout besoin d'une progression lente (mais sûre !) pour arriver au résultat qui vous fera plaisir.

## Deuxième astuce : faites preuve de créativité !

Voilà une excellente recommandation pour oublier vos petits défauts (pendant que vous les améliorez) plutôt que de les laisser vous obséder !
Souvent, ce que nous n'aimons pas en nous est considéré comme très charmant par les autres, en particulier par les personnes qui nous aiment. Cette vision vous permettra de nuancer vos exigences et d'éviter un stress bien inutile qui, en plus, empêche de progresser.

- En attendant de perdre définitivement votre ventre, recherchez des vêtements qui vous mettent en valeur et reléguez aux oubliettes les vêtements difformes que vous avez peut-être privilégiés sous prétexte que vous vous trouviez trop ronde !
- Prenez soin de vous : massez-vous, offrez-vous un soin en institut de temps en temps…
- Acceptez pleinement les compliments que l'on vous fait, et la métamorphose de votre corps…
- Enfin, agissez sans vous juger, c'est une des clés de votre réussite !

## Troisième astuce : faites le point !

**Mon poids actuel :** ……………………………………………

**Mes kilos perdus :** ……………………………………………

**Mon tour de taille actuel :** ……………………………………………

**Mon tour de hanches :** ……………………………………………

**Ma taille de pantalon :** ……………………………………………

**Notez ici vos commentaires, les difficultés rencontrées et les écarts que vous avez faits :** ……………………………………………

……………………………………………

……………………………………………

**Dans quelle conditions aimez-vous pratiquer votre activité physique ?**
Avec une amie ? En groupe ? En musique ? Au calme ? Dehors ? Avec un coach ?

……………………………………………

……………………………………………

……………………………………………

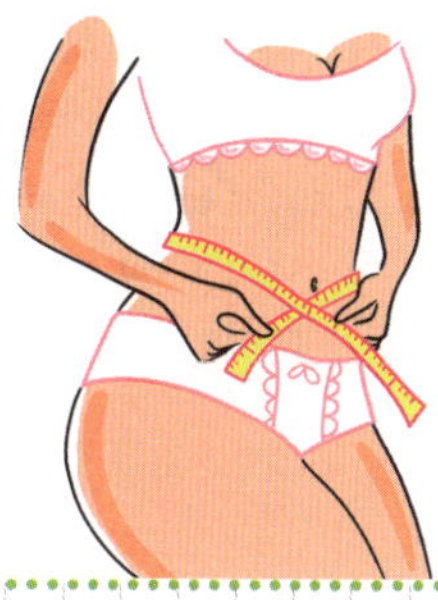

**Répondez maintenant à ce petit bilan sous forme de questionnaire...**

### Avez-vous réussi à exécuter toutes les séries proposées dans la description des exercices ?

▲ Oui, sans aucun problème.
■ Oui, mais c'était vraiment difficile !
● Non, il faut que je progresse pour y arriver !

### Craquez-vous encore souvent pour des grignotages trop caloriques ?

▲ Non, je me suis vraiment déshabituée de ces envies !
■ Ça m'arrive, mais très rarement, et je craque consciemment…
● Oui, c'est vraiment mon point faible, je dois le surveiller.

### En observant aujourd'hui vos jambes et votre ventre, vous diriez que...

▲ Votre cellulite s'est estompée mais pas encore votre culotte de cheval.
■ Votre cellulite est passée à un stade où elle n'est plus douloureuse.
● Vous devez vraiment faire encore plus attention à votre alimentation.

### Le plus dur dans l'exercice des abdos-fessiers...

▲ C'est d'utiliser une contre-résistance.
■ C'est d'avoir mal !
● C'est de s'y mettre !

### Quels sont les exercices que vous avez le plus de mal à pratiquer ?

▲ Aucun, vous les pratiquez tous au cours de mon programme.
■ Vous ne faites que ceux qui concernent vos défauts esthétiques, pas les autres !
● Vous avez vraiment du mal avec les exercices cardio-vasculaires.

### Pendant ces 4 semaines, vous estimez que...

▲ Vous avez organisé un programme « activité physique + alimentation » qui répond à vos objectifs.
■ Vous vous en sortez bien, surtout accompagnée d'une partenaire.
● Vous devez être poussée par quelqu'un de plus motivé que vous !

### L'ingrédient qui provoque de la rétention d'eau est...

▲ Le sel.
■ Les légumes crus.
● Les céréales.

### Si vous essayez le jean dans lequel vous ne rentriez plus...

▲ Ça y est, vous le fermez, et vous vous y sentez à l'aise !
■ Vous vous y sentez encore un peu boudinée !
● Ce n'est pas encore l'heure, mais vous allez y arriver !

### Vous allez dîner au restaurant…

▲ Vous choisissez attentivement vos plats pour ne pas faire exploser l'addition calorique.

■ Vous vous lâchez un peu… vous vous rattraperez demain !

● Vous craquez pour tout, vous ne pouvez pas résister…

### Vous respirez très profondément en vous servant de vos abdominaux…

▲ Dès que vous faites un exercice.

■ Lorsque vous êtes stressée.

● Vous n'y arrivez pas !

**Vous avez une majorité de ▲** : *je vous félicite !*

Vous suivez bien votre programme, vous êtes capable de l'organiser et vous faites attention de ne pas tomber dans les pièges alimentaires qui pourraient saboter vos efforts ! Continuez et mettez-vous au défi : essayez d'augmenter le nombre de séries de vos exercices, d'utiliser de plus en plus des accessoires en résistance (minipalmes, rubberbands…), d'augmenter vos activités physiques et de respecter votre alimentation équilibrée au quotidien. Vous allez voir que votre ventre va continuer à se dessiner, encore et encore, et vos fesses auront aussi une belle tonicité !

**Vous avez une majorité de ■** : *vous êtes vraiment sur la bonne voie !*

Vous avez perdu du poids, votre ventre retrouve sa tonicité et vos fesses se redessinent. Cependant, toute seule, vous avez encore un peu de mal à vous motiver. Prenez le temps au début de chaque semaine de refaire votre programme, de vous remémorer vos points faibles et de mettre en place des stratégies gagnantes : continuez à faire vos séances avec une amie et à vous faire encourager par vos proches : vous en avez besoin ! Pour vous, la progression consiste à vous y mettre tous les jours, sans exception, même si vos efforts varient d'un jour à l'autre !

**Vous avez une majorité de ●** : *je vous encourage à vous accrocher !*

Ce n'est pas facile de prendre le pli et de faire vos exercices au quotidien tout en surveillant votre alimentation. Les tentations de remettre au lendemain sont grandes : je le sais ! Soyez indulgente envers vous-même. Essayez de respecter votre programme d'exercices (au moins 10 minutes tous les jours) et de supprimer de votre assiette tous les aliments trop gras et trop sucrés. Mais il ne faut pas vous désespérer si vous craquez de temps en temps… Ce n'est pas grave, à condition de rester motivée !

## Pour conclure…

En notant chaque semaine dans votre cahier les activités physiques que vous pratiquez et votre type d'alimentation, votre progression va vous permettre de réaliser que vous êtes vraiment passée à un autre mode de vie et que vos comportements ont réellement changé.
Maintenant, vous avez tout en mains pour avoir des abdos-fessiers à la mesure de vos ambitions : exercices, menus, recettes, conseils, astuces… Je suis très contente de vous avoir accompagnée sur ce chemin !

# Mes notes perso

# Carnet d'adresses

## Je me fais guider

Vous êtes vraiment une novice en matière d'activités physiques et vous auriez bien besoin de quelqu'un qui vous guide ? Sur ce site, vous pourrez faire un test très précis et, en tant qu'expert de la forme, je vous ferai votre ordonnance bien-être pour vous guider dans cette nouvelle initiative et vous donner la possibilité de rester motivée pour longtemps !
www.monordonnancebienetre.fr

## Je serai la plus belle !

Une jolie tenue pour vos activités sportives, c'est très motivant. Dans les boutiques Anima Athética et sur son site Internet, vous trouverez des tenues colorées, féminines, performantes, qui donnent vraiment envie de faire du sport ! Ces magasins innovants organisent aussi des ateliers pour parler fitness, beauté et activités physiques avec des experts.
www.anima-athletica.com

## Je trouve ma salle de fitness

Vous cherchez une salle de fitness près de chez vous où faire un cours d'abdos-fessiers ou une activité physique proposée dans ce cahier ? Voilà un site Internet qui répertorie toutes les salles de fitness en France. Il y en a forcément une près de chez vous !
www.masalledesport.com

## J'achète mes accessoires abdos-fessiers

Un swiss ball, des élastiques, des haltères, un *core board*, un stepper, tous ces accessoires s'achètent pour des prix très raisonnables dans les grandes enseignes spécialisées dans les activités sportives.
www.decathlon.fr
www.go-sport.com

## J'essaie le *paddle stand-up* et les activités abdos-fessiers dans l'eau

Les piscines municipales gérées par le groupe Recrea proposent de nombreuses activités aquatiques ludiques et très efficaces, comme le *stand up paddle* en piscine, l'aquabiking ou encore l'Aquafusion, avec des ateliers dans l'eau (minitrampoline, gants palmés…) pour travailler intensément).
www.recrea.fr

# Bibliographie

*Abdominaux : arrêtez le massacre !* Dr Bernadette de Gasquet, Marabout, 2009.

*Gym aquatique, douce & tonique*, Éric Profit et Patrick Lopez, Amphora, 2014.

*Produits alimentaires ; faites le bon choix*, collectif, Larousse, 2013.

*Décrypter les étiquettes*, Rachel Frély, Larousse, 2013.

*La Vérité sur les sucres et les édulcorants*, Dr Édouard Pélissier, Odile Jacob, 2013.

*Changez d'alimentation*, Pr Henri Joyeux, Le Rocher, 2013.

**Remerciements**

À Thierry Maquet, professeur au STAPS de l'université Paris-Créteil.

Nadine Ker Armel, diététicienne.

L'équipe de cuisine de la thalasso Serge Blanco à Hendaye.

Toutes les participantes des ateliers Bien-être chez Audiens.

Nathalie Hutter, nutritionniste chez Atlantic Santé.

Odile Chabrillac, naturopathe.

Mes étudiants de la promotion 2014-2015 du DEUST des métiers de la forme à l'université Paris-Créteil.

Et Jean-Marie Lacroix, professeur d'EPS.

**Découvrez tous nos cahiers pratiques et notre catalogue sur :**
**www.solar.fr**

**Direction :** Jean-Louis Hocq
**Direction éditoriale :** Suyapa Hammje
**Directrice de collection :** Juliette Collonge
**Édition :** Marion Guillemet-Bigeard
**Mise en couleur des illustrations intérieures :** Audrey Bussi
**Correction :** Chloé Chauveau
**Mise en pages :** Nord Compo
**Fabrication :** Céline Premel-Cabic



ISBN : 978-2-263-14954-2 - Code éditeur : S14954/02- Dépôt légal : janvier 2017
Imprimé en France par ime by estimprim

HarmonieSolar

Solar | un département **place des éditeurs**

place des éditeurs